CRECER SIN PRISAS

不匆忙的成长

[西] **耶斯卡·克莱门特** 著
Yessica Clemente

[西] 豪尔赫·彭尼 绘　　　周运帷 译
Jorge Penny

山东人民出版社·济南
国家一级出版社　全国百佳图书出版单位

图书在版编目（CIP）数据

不匆忙的成长 / (西) 耶斯卡·克莱门特著；(西)
豪尔赫·彭尼绘；周运帷译. -- 济南：山东人民出版
社，2024.6
ISBN 978-7-209-14985-3

Ⅰ.①不… Ⅱ.①耶… ②豪… ③周… Ⅲ.①儿童教
育—家庭教育 Ⅳ.①G782

中国国家版本馆CIP数据核字(2024)第031118号

山东省版权局著作权合同登记号　图字：15-2023-187

不匆忙的成长
BU CONGMANG DE CHENGZHANG

[西]耶斯卡·克莱门特　著　　[西]豪尔赫·彭尼　绘　周运帷　译
责任编辑：张波　　　　特约编辑：王世琛　　　封面设计：青空阿鬼

主管单位　山东出版传媒股份有限公司
出版发行　山东人民出版社
出 版 人　胡长青
社　　址　济南市市中区舜耕路517号
邮　　编　250003
电　　话　总编室（0531）82098914
　　　　　市场部（0531）82098027
网　　址　http://www.sd-book.com.cn
印　　装　天津丰富彩艺印刷有限公司
经　　销　新华书店

规　　格　16开（160mm×230mm）
印　　张　16
字　　数　200千字
版　　次　2024年6月第1版
印　　次　2024年6月第1次
ISBN　978-7-209-14985-3
定　　价　65.00元
　　　　　如有印装质量问题，请与出版社总编室联系调换。

引 言

孩子应当如何成长

请让我为你们仔细道来。那是一个冷秋的周五，早上七点半左右，距离我两岁出头的儿子起床的时间，已经过去四十五分钟。他在房间里含着奶嘴，还未换衣服。眼看出门时间快到了，我一边收拾，一边不停地念叨：

"快穿衣服！"

"快点儿穿衣服，不然我走了！"

"我们得出门了！"

"快点儿，我们要迟到了！"

"你怎么还没穿好衣服？"

这一幕并非偶然，而是日复一日，每个清晨都会上演的生活桥段。然而，在这个冷秋的清晨，我的儿子并没有像往常一样加快速度，笨拙地穿上衣服，而是在他的小床上泄了气，看着我的眼睛轻声说：

"妈妈，因为我的腿太短了。"

这句话在我的脑海中轰然作响。本想冲进去给他穿衣服的我，站在门边愣了神。看着他陷在床里的小小身躯、紧张的姿势和灰心丧气的眼神，我突然意识到，他在稚嫩的生命里，承受了许多来自我的压力。顷刻间，巨大的愧疚感将我淹没。

于是，我慢慢地走近他，蹲得和他一般高，轻轻抚摸他的后背并拥抱他。我不急不躁地给他穿好衣服，饶有兴趣地听他用半生不熟的语言说话。然后，回他一个真挚的笑容，拉起他热乎乎的小手，一起慢悠悠地走出家门。那一瞬间，我感受到与他的心之间的感应。

那天，我的儿子在幼儿园里度过了安心又愉悦的一天，而我的身心获得了一场洗礼。从那以后，我开始用一种新颖、感性且充满柔情的目光去看待我最爱的他。我开始明白，不应当强求孩子与我们生活步调一致、需求一致、能力一致。我人生中的问题也好，期待也罢，其实都与孩子无关。

在那个秋天的清晨，我的儿子用他半生不熟的语言，凭借他小小的智慧和大大的勇敢，给初为人母的我上了一堂课。从那以后，我开始认真思考孩子应当如何成长，逐渐找到新的认知与育儿态度。我的自我意识也由此觉醒与改变，我开始探求孩子如何才能健康地成长。

十二年过去了，此时此刻的我坐在电脑前，回想当日脑海中的疑问——"孩子应当如何成长？"，不禁心潮澎湃。我想，凭借自己在育儿领域这十余年来的学习、咨询经验与亲身经历，或许能够为解答这个问题提供些许灵感。

十余年来，我反复琢磨这个问题，发现解惑的前提是抛出更多的问题。这些问题如同一个个旅途中的站点，你和孩子一起思考、行动，一定能创造出一段独一无二的成长之旅。

亲爱的读者们，我诚邀你们与我一起踏上找寻答案的旅程。请翻阅此书，深刻地思考为何要让孩子不匆忙地成长，积极探索如何让孩子不匆忙地成长，用心体会孩子成长的奇妙之处。你会发现，成长的不仅仅是孩子，还有我们。

沿途的每个"站点"我都亲自到过。现在，你们也能在阅读的过程中逐一到达下面这些站点。希望你们潜心思考，回答我在每一站提出的问题，走出属于自己的独特育儿之路。

"不匆忙的成长"站： 什么是不匆忙的成长？如何尊重孩子的身心成长规律？如何了解孩子的成长所需？

"不匆忙的教育"站： 什么是不匆忙的教育？如何实现不匆忙的教育？如何放手去做，不惧失败？如何面对难以控制的情绪？如何走出难以教育孩子的困境？

"不匆忙的学习"站： 从容学习需要什么？如何不浪费孩子的聪颖天资？如何有效激励孩子，既不打击他们的学习意愿，又能同步培养他们的创造力？

"在联系中成长"站： 我们为何需要建立情感联系？与家人建立情感联系的好处是什么？应当如何建立？假如我们不懂玩耍，还能与孩子建立联系吗？

"在玩耍中成长"站： 什么是玩耍？为何玩耍如此重要？孩子可以在玩耍中成长吗？不同游戏对应的发育阶段分别是什么？哪类游戏对于孩子的成长至关重要？如何知道孩子是否想玩耍？我们可以为孩子提供哪些玩耍方式？孩子何时停止在玩耍中成长？

那日清晨发生的事使我领略到育儿的奇妙之处，教会我将关心、尊重与世间最无条件的爱给予我的孩子。亲爱的读者们，想必你们中的大部分人与我一样为人父母。请你们相信，每个孩子都是独一无二的，他们本应从容地成长。在孩子成长的过程中，作为父母，我们应当提供陪伴，给予尊重。

我撰写此书，希望能够达到以下目的：

以独特的视角育儿： 促使你们认识到孩子人格的独特性，以及自我人格的独特性。

陪伴你们完成一次关于人生的自省：让阅读的感悟，变成育儿实践的要领与指南。

引导你们塑造独特的教育风格：与传统的和当下流行的育儿理念都不同，我认为每个家庭都有其独特性，父母才是育儿的主导人。唯有在教育子女的过程中扮演好自己的角色，摆正教育的目的，孩子才能健康地成长。

无论以上目的能否达到，只要这段阅读经历足以使你们停下脚步，观察周围，考虑家人的需求，反思育儿方法，就算有意义。回想当年怀胎十月，我初为人母，冥冥中好像有种令人安定的力量在理解我、肯定我与支持我。它从不评判我的对错，只是默默地陪伴我找到属于自己的育儿道路。而我，也希望成为你们的力量。

这是一条讲求"适时而耕，宜时播种，必定收获"的道路。我们要尊重生命成长的客观规律，践行"既惜当下，又计深远"的教育理念，寻求与孩子建立和谐、充满愉悦与联结感的关系。因为我们明白，这会决定孩子将成为什么样的人。

重点：如何使用这本书

亲爱的读者们，与市面上的其他育儿书籍不同，这本书的意义因读它的人而存在，它与你们互相成就！就阅读的方式而言，虽然即兴翻阅也无妨，但我建议你们从头开始，按前后顺序阅读。我邀请你们与我携手共行，走过育儿道路上的一个个站点，共同完成一次意义特殊且深刻的旅行。

另外，希望你们不要匆忙翻完此书。如果没有完全理解书中传达的信息，又如何消化与吸收呢？希望你们能够静下心来，完成每一个站点中为你们设计的思考练习，将阅读感悟应用到生活中，直至理解其含义。

即使有些问题你们可能思考过，请记住，昨日之我是旧我，今日之我思考老的问题，做新的尝试，得到的也将是不同的答案与结果。而这恰恰是我的目的。请跟随自己的内心，主动找寻属于你自己的结论吧！这本书将成为你专属的"育儿之旅指南"。

为了完成旅行，需要准备什么

毫无疑问，旅行前要收拾行李。为了完成一次有意义的育儿之旅，除了这本"育儿之旅指南"，我们还需要准备以下物品：

- 一支做笔记的笔。
- 一些用来完成互动性练习的彩笔。请认真完成这些互动性练习，并由此探寻你的内心。
- 一种独特、惬意的读书氛围。找一个你喜欢的地方，准备一杯茶或咖啡，或点燃一根香熏蜡烛，让阅读成为生活的慰藉与自我成长的契机。

> 准备好迎接这段育儿之旅了吗？轻轻呼吸，我们一步一步来。

目录 ● CONTENTS

第一站

不匆忙的成长

从那个冷秋的早晨开始，我不再追求匆忙式育儿。我将在下面详细讲述我的感悟。

当我们初为父母，我们可能会认为生活节奏将一如既往，所有周遭的变化，包括新生的孩子，理应适应我们所处的环境。在一定程度上，的确如此，例如白天家里的各种声音不会因为孩子在睡觉而消失。但事实远非这般简单——我们是新的家庭中的一员。

每一位家庭成员——诸如我们自己、我们的伴侣或孩子，都有各自不同的境遇、需求和人生节奏。然而，机械式的生活往往会让我们忽略这一点。

我时常想，我们生活的时代是严苛的，每一天都被分配了清晰的目标。我们必须准点上班，全心工作，力求完成工作任务。在疲于奔命中，我们失去了观察生活细节的机会，无暇感受自己的情绪。我们甚至难以发觉，生活本不应如此。正在阅读这本书的读者们，你们的人生目标难道是准时上班吗？是所有衣物都被洗净并晾好吗？是到点准备好饭菜吗？是及时采购物品吗？或者换个角度，请大家想一想，为了按时完成此类琐事，我们付出了什么样的代价？

注意，我并不是说上述目标不重要，更不是提倡对生活琐事袖手旁观，对人生中的各种责任一味推卸。恰恰相反，在某种意义上，认真生活与工作是我们必须做的。我只是觉得，如果每日周旋于工作与生活的琐事中，感觉疲惫不堪，那么极有可能会错失很多东西。

人生的意义并不在于完成生活中的种种目标与任务，而在于观察、经历与享受当下；在于打开身心，自我觉醒，感受此时此刻；在于与家人共同感受与分享人生道路上的经历；在于发现生活的美妙与伟大；在于用尊重、爱与温柔对待子女；在于认识自我，赋予自我被爱与被尊重的权利；在于将为人父母视作与子女共同成长与改变的契机；在于与自我、家人和自然建立联系，并享受其中。

关于这一点，你知道谁做得最棒吗？

那自然是孩子们。他们初来这人世间，以一种快乐、自然且不匆忙的方式长大。他们每天都欢欣鼓舞，享受日常生活的简单纯粹。而我们成年人，如今却要四处找寻这种朴素的快乐。

何为不匆忙的成长

对家长而言，不匆忙的成长意味着让孩子带着安全感经历成长的每一个阶段，这是人全面发展的基础；意味着认识到童年是人生的重要阶段，这对于那些从孩子的成长过程中感受到喜悦、幸福的成年人至关重要。因此，作为陪伴孩子成长的人，家长必须建立清醒的认知，感受每个孩子的独特之处。

不过，我们还是要先回归本源。

为了理解什么是"不匆忙的成长"，厘清"成长"一词的词源是十分必要的。在拉丁语中，成长的含义是"以自然的方式长大"，意指天地之间，万物顺时成长。因此，我们应当尊重自然规律，千万不要揠苗助长。

既然人是自然中的有机生命体，人的生长理应遵守其固有规律。如此一来，"不匆忙的成长"未免显得过分雕琢，因为"成长"二字本来就有这层含义。这一点想来也非常有趣。本来此书只要题为"成长"便可，不必多加字眼。然而，不加修饰词很难表达清楚想表达的意思，因此我们稍做补充："成长"一词本义便包含"不匆忙"这层意味。

自怀孕伊始，胎儿便如同纯粹的和声，与其内心的声音、生命的本质与节拍一同起舞，演奏生命的乐章。一切顺应自然规律发生。在养育孩子的过程中，一定要遵循自然成长的规律，还应提供适宜的关怀，保护孩子自由的成长环境。

每个孩子都是一颗种子

为了更好地阐明什么是生命的天然本质与节奏，请允许我打个比方。

请想象一颗种子的样子。

一颗种子内部包含的基因信息，足以使其成为一株成年植物，成为那株它生来便要成为的植物。假设我们在讨论一颗苹果种子，可以想一想，小小的一颗种子，体内却装着能使其长成参天大树的一切基因信息。只要些许土壤、阳光和雨露，它便能茁壮成长，开花结果。多么奇妙啊，让它尽情成长吧！

再假设你手握一颗种子，并非植物学专家的你端详着它，不知道它的成长具体需要些什么。但你似乎有种直觉：一颗种子的成长大抵需要土壤、阳光和雨露。若你有心钻研，假以时日，你定会逐渐了解这颗种子，包括其成长所需的物质。

至于这颗种子，将在你为之提供的环境中生根发芽，因为它的天性便是如此——以自然的方式成长。正如那些存活于城墙上或道路夹缝中的植物，即便生在恶劣的环境中，也会努力向上生长。不过，这颗种子的成长也许并非一帆风顺，而是遭遇诸多阻碍——也许你弄混了品种，将其种在家中，给予错误的照顾；也许你勤施育根的肥料，只因你在园艺杂志上看过关于"植物在冬天来临前发育好根系对生长有利"的说法，它可能的确会越长越快，因为它的天性便是适应环境，努力生长，但遗憾的是，它将就此丧失独特之处，或者无法结出甜美的果实。

　　培育种子好比养育子女。我们希望培养出言行举止都得体的理想孩子，然而，事实是孩子只能按照他们的方式成为他们自己。假如我们按照取悦自己的方式培养孩子，孩子可能会在困惑中成长，迷失自我，虚掷光阴。

　　孩子如同一颗独一无二的种子。自呱呱坠地起，他们只需要少许必要的基本照料便能长大成人，本就无须过多外力干涉。假如仔细观察，我们会惊喜地发现孩子的成长充满智慧：在生理与大脑机制的作用下，他们会逐步习得行为控制能力、自主性、语言表达能力和与外界沟通的能力。

一颗奇妙至极的种子！

　　请拿出彩笔，自由作画，创作属于你的那颗种子。只需要简单的几笔，即可建立起你与生命的联系。接着，请回想一株植物自然生长的过程（生根发芽、抽枝散叶、开花结果……）。这颗种子其实隐喻着你的孩子，它的生长历程就代表孩子的成长过程。请从种子开始画，直至描绘出此时此刻它长成的模样。

　　请添上土壤、阳光和雨露吧，那是种子需要的。勾勒它初生的幼苗吧，它日益茁壮，终将长出挺拔的枝干。描画柔嫩的新叶吧，它们鲜绿而有光泽。沉浸于种子奇妙的生长过程吧，直到描绘出它如今的俊秀身姿。假如你现在无法想象其全貌，没关系，只要根据它成长、发育的足迹，画出你眼中它长成的模样即可。如果你不懂绘画，无须担心，因为不会有人对你评头论足。放松下来吧，别让"我不会"或完美主义束缚你。请抛开疑虑，以种子为起点，让自己的想法自然地浮现于纸上。在作画的过程中，你可以剪裁、拼贴照片，写下脑海中一闪而过的只言片语，或者添加其他材料……

　　当第一株植物创作完毕，你可以接着画其他象征着孩子的植物，当然也可以画你的伴侣或你自己。你觉得自己是什么样的植物呢？你的伴侣呢？请慢慢思考，让象征你的家庭的树林浮现于纸上。

　　请慢慢来，这个过程不能一蹴而就。它与生命的周期、自然的循环相关，也与你的孩子和家庭的发展规律相连。

　　请作画吧！

在生命自然的节奏的指引下，想必你已经不匆忙地建立起与那株植物的联系。请列出清单，记录你在作画过程中察觉到的孩子成长所需的各种要素。

对一株植物而言，土壤、阳光与雨露是生长之本。那对孩子而言，他们的茁壮成长需要哪些要素呢？请写在下面的横线上。如果读到后面的章节时有新的发现，可以翻回此页进行补充。

时间

爱

此时此刻，我想稍做提醒，或许你早已发现——你是孩子的园丁，他们需要你！你是那个管理花园，悉心照料种子的角色。我想，一个理想的园丁是自觉且感性的，会认真地了解植物，会为之创造生长空间，并根据植物所需不断调整；懂得设定底线，鼓励其接受挑战，处理棘手事务，用爱与理解滋养土壤；会尽责于自己照料的树木，也会给予空间，让其独立且自由地成长。

如果你是"植物杀手"，不必惊慌。以上只是一个比方，但或许能帮你找出原因：可能你无暇照看它，无暇弄清楚它的品种，无暇了解它需要何种照料，或者不具备养好它的条件——诸如为之浇水、除虫的细心与耐心。

我举这个例子，目的是希望你能够跟随自己的直觉，信任孩子与生俱来的能力，从而在合适的时间为孩子提供适宜的条件。你应当是环境、经验、情感、爱与联系这些成长所需要素的协调者。你无须为孩子铺路，而应当帮助孩子自己探索，体验人生之路的坎坷或平顺，发掘孩子的潜能。

我似乎看到你戴着帽子、穿着围裙与靴子、带着工具，正站在美丽的旷野中，一边沉醉于自然之美，一边用妙手让植物安然、坚定、惬意地长大。

准备好了吗？ 下面我将就这个问题进一步展开叙述，请继续往下读。

其实，我将你比作孩子的园丁，并不意味着要你增加任务、苛求自己，也不是让你总是自责与反省。请不要这样！我认为，不仅你、你的伴侣、孩子的老师，还有那些在楼道里会问候孩子的邻居、那位会给孩子道声"早安"的公交车司机、那些同一架飞机上愿意理解孩子的乘客……这些陪伴在孩子身边的人都会在某些时刻扮演孩子的教育者这一角色。

不过，值得强调的是，稳固的依恋关系在至亲关系中才能形成。家长必须保持清醒，才能帮助每个独一无二的孩子自然地成长。

首先，家长最清楚孩子的真实模样与需求。其次，作为家长，必须负起责任，有所担当。家长还应始终学习，努力成长。请与你的直觉为友，与你的孩子为伴。孩子会提供助力，与你一起实现不匆忙的成长。

不要跳过任何生长阶段

如前文所述，每个孩子都是独立又特别的种子，成长遵循内在的自然天性；而家长如同给予关心与照料，尊重成长节奏的园丁。假如以此为基点，我们将更理解不揠苗助长的意义——种子生出良好的根系，才能长出强壮的枝干，随后方能枝繁叶茂，形成完美的生长链条，逐步长成参天树木。

大自然是如此的聪慧。如不赞同，请看看新生儿的例子：只需要数月时间，当初极不协调的反射运动就能变得精细、协调。而为了完成该目标，新生儿需要逐步发展运动能力，锻炼肌肉组织。匈牙利儿童医生艾米·皮克勒因研究婴儿运动发育与尊重式教育而闻名。她的研究证明了婴儿能够自主地发展运动能力：倘若外界为婴儿提供自由活动的环境，他们便能获得能力的提升。

若我们观察婴儿运动能力的变化过程，即可发现他们始终在探索自我与环境，并试图与之发生互动——从安逸地躺着，到侧卧与翻身、匍匐与爬行，再到随后的坐与跪、站立与蹒跚学步，直至最后无须借助外力也能安然行走。

不过，一个几个月大的婴儿无论做何努力也无法自行坐下。一方面，由于缺乏必需的前阶段学习与发育基础，婴儿无法完成精细、协调的动作；另一方面，坐下这一需求并非婴儿与生俱来的需要——倒不如说是家长的需求，因为他们总是担心婴儿站不稳。

　　婴儿需要做好充分的准备，进行充足的练习，才能动力十足且安然无恙地独立行走。当行走这一行为得到巩固，他们便会开始尝试跑动、上下楼梯、踢球……其身体图式[1]将逐步展开，直到最终发育完全。

　　这真的很奇妙，对吗？下面有一个平衡游戏可验证前述内容，请迎接挑战！

请阅读下方的文字，然后把书放在一边，尝试完成动作。

　　请放松地站着，目光聚焦到某个点上，双手合十置于胸前。抬起一只腿，将脚底贴在另一只腿的大腿内侧，形成支撑。随后保持双手合十的姿势不变，伸展手臂，越过头部，保持身体平衡（有高血压等心脏和血液循环问题的读者，保持双手合十置于胸前的姿势即可）。

　　你做到了吗？加油，快站起来试一试！

　　刚刚你挑战的动作是瑜伽的树式。这个挑战令你明白，良好的身体发育水平与四肢平衡能力促成了动作的完成，并且将摔倒的可能性降至最低。这多亏了幼时的充分练习与自然发育的体验，让你在童年阶段获得了上述能力。

　　用肺部发声歌唱、将一盒草莓分到三个盘子中、把冰箱里的食材做成一顿饭等行为，都能证明这个观点。所有的肢体能力都在童年时期萌芽、发展，随后逐渐精进。由于缺乏练习，现在我们可能遗忘了某些技能，但它们都曾是后续能力发展的基础。

　　不论社会经济条件与文化发展的现实情况如何，世界上的每一个孩子都经历着一个个相同的发育阶段。他们的天性如此。从用哭闹来表达

---

1. 法国哲学家莫里斯·梅洛-庞蒂在其代表作《知觉现象学》中提出的核心概念，指身体在世界中的存在方式。——编注

需求、翻身爬行、牙牙学语、蹒跚学步、胡涂乱画、跑跳攀爬、流利表达、画全家福、玩耍嬉戏，到学会写字。我相信，这些阶段对家长而言非常熟悉。倘若足够细致，我们将发现它们是相互关联的——后一阶段紧跟着前一阶段，如此循环往复。

我认为孩子的发展是具象化、可视化的。你们知道有一种从大到小堆方块的游戏吗？这个游戏的目的在于正确地堆叠方块，从大到小依次排列。当出现调换顺序的情况时，稳固的方块塔会从某处开始失去平衡，或摇摇欲坠，或直接倒塌。让我们把目光转到孩子的成长上，孩子的成长就如同堆方块的游戏，如果孩子的基础能力未在相应阶段获得发展与巩固，就会出现成长不平衡的现象。

在幼儿园里，老师会反映这类现象：例如有些孩子容易摔倒，总是呆坐着等别人扶；有些孩子上楼梯时肢体不协调，或回教室时毫无方向感；有些孩子不会自己穿外套，不会使用剪刀，甚至不会用勺子吃饭；有些孩子早晨过度亢奋；有些孩子面对任务时害怕出错，或因为没有自主能力（并非不能理解）而频繁求助老师……

以上行为反映出孩子在特定发育阶段的不足（受到过度保护或过度刺激），包括缺少运动与自由玩耍、缺乏特定能力（如精细运动）的锻炼、与父母未形成稳固依恋关系而造成的亲密关系缺失，或者在严苛且不利于孩子自主成长的环境下成长……这些不足会自然而然地影响孩子的幸福感。

不匆忙的成长尊重孩子的发育阶段，能够为"方块塔"打造牢固坚实的基础；能够因人制宜，保护每个孩子的积极性与节奏感；能够让孩子在每个成长环节都自由自在地与外界互动，且不用担心塔身坍塌。没错，由于人类大脑奇妙的可塑性，即便塔倒了也能恢复如初。但对孩子而言，这将消耗更多的心力，而这些心力原本可以用来习得不同成长阶段应该掌握的核心能力。

在本节末尾，我想再一次强调，每个人都有自己的节奏。虽然在无数报刊、书籍中，我们都曾读到这样的内容——孩子到某个月大时就能独立翻身，一岁的时候就能走路，六岁的时候就能识字……请不用多虑，每个孩子都会按照自己的节奏长大。一般来说，当你被某事困扰之时，可以咨询专业人士的意见。但无论如何，请始终倾听、遵从自己的直觉。

我们该做些什么，来保证孩子和谐、自然地成长呢？为他们提供照料、爱与很多的信任；为他们创造适宜的条件，让他们充满安全感地成长。而正如前文所述，为了让孩子尽情地演奏生命的乐章，我们应当满足孩子的合理需求。

孩子的需求

这么多年来，我带着好奇心观察与分析儿童，陪伴儿女与家人从容成长，走出了一条独特的教育之路。我发现孩子有独特的成长路径，他们的生长发育顺应自然规律。同时，外部的环境同样意义重大——作为孩子的学习与模仿对象，父母及其他亲人都对孩子的心智、人格的发展影响深远。

在以上内因、外因的双重作用下，孩子经历一系列际遇而成长，其间他们的各种需求将依次产生，并需要逐一得到满足。

于我而言，这是最新奇的事。虽然孩子的具体需求与成年人的需求差异不大，但仍应认识、了解并满足它们，如此方可建立稳固的家庭纽带，同时让孩子们成为独立、完整且有能力的人。

从我的角度来看，孩子的需求如下：

1. 生存需求。

2. 安全感与尊严感需求。

3. 爱、归属感与社交需求。

4. 自尊与被认可需求。

5. 认知需求。

6. 身份需求（男孩或女孩）。

贯穿始终的需求是：

7. 运动、玩耍与娱乐需求。

上述排序与分组基于调查、思索，以及以下三种思想的影响。

1. 美国社会心理学家亚伯拉罕·马斯洛的人类需求层次学说，他将其总结在人类动机理论范畴中。
2. 儿童权利公约（联合国国际性条约）中收录的关于满足儿童权利的需求，提出儿童是拥有权利的个体，而成年人则是满足相应权利的责任方。
3. 最后，我坚信玩耍是人类的固有天性，是求知的内在动力，是自我约束与自我表达的渠道，更是面对人生的积极态度。

与此同时，根据马斯洛需求金字塔的理念，我将上述七种需求分为两类：

1.基本需求。
2.成长需求。

我想强调的是，家长在关照孩子的第一类需求时，与孩子的互动尤为重要，足以影响孩子的一生。因此，家长应当尽可能地在每一阶段都提供亲密的陪伴与尊重，帮助孩子打造稳固的情感基础，让孩子感受到被倾听、被重视、被肯定、被爱与被支持。孩子的需求不被满足（或不被恰当满足），或与成年人的需求发生冲突，极有可能会导致孩子撒泼生气，口出恶言，或产生忌妒情绪。简而言之，孩子的需求将会以不适的方式表达出来（下文将一一举例说明），而家长也会因此发怒或情绪失控。

满足孩子的第二类需求，即成长需求，则会促使孩子自我发掘、自我挑战，成为完整的自己。

基本需求

生存需求

生存需求是维持生命的需求，包括呼吸、排泄、洗浴、进食、休息、维持体温、保持健康等。生存需求是其他需求的基础，是应优先考虑的重要需求。此类需求长期得不到满足，将导致个体无法维持生存。幸运的是，在当今社会，大多数人都能够满足此类需求。

不过，生存需求有时会造成尴尬的局面。下面举个例子。

天冷，快把外套穿上！

这是很多家长经常对孩子说的话。其实，在一定程度上，冷是主观的感受。你问过孩子是否感觉寒冷吗？可能是你在面临生存需求的冲突——你觉得冷或者你害怕孩子感冒。这样的场景之前经常在我身上出现，直至某天，我开始相信孩子可以自己感知温度。我发现，即使家长不特意强调，孩子也能自行感知冷热。请扪心自问：穿外套是你的需求还是孩子的需求？请给出真诚且审慎的回答。我相信你会明白你与孩子的体温不一样，并开始反思你自认为合理的行为。

当你觉得加衣服是必要之事时，你可以选择请求合作的方式，而非苛求。

今天下午挺冷的。你刚刚一直在跑步，出汗了，现在停下来不跑了，我担心你会着凉。我不希望你生病，快把外套穿上吧，拜托啦！

孩子对冷热的感受可能与你认为的完全不同。你觉得呢？

安全感与尊严感需求

此类需求在生理与心理层面为我们提供安全感，例如秩序感、距离感、名誉感等。

感觉到危险时，我们会提高警惕，调动全身直觉以应对危险、保护自己。这是因为此刻人类大脑的最原始部位——爬行脑正在运行。它能迅速对刺激做出反应，让我们行动起来，在危险面前选择逃跑或战斗。爬行脑被激活时，负责理智的部位（大脑的前额叶）便难以掌控局面，更无法促使人类清醒地思考。这是因为当人类缺乏安全感时，无法将精力分配给其他需求。

满足孩子的安全感与尊严感需求并创造安全的环境，能够让孩子拥有充满信任且从容稳定的内心世界。如此一来，孩子将对外界与自我充满信心，因为无论发生何事，他们始终坚信，身边的人会一直关心与保护他们。

我害怕！

孩子的各种恐惧十分常见，他们害怕黑暗、怪兽、死亡……这些恐惧往往转瞬即逝，但我们应当与孩子共同经历，安抚他们的不安情绪，避免恐惧影响他们成长。

家长首先应建立认识，恐惧对孩子而言是一种真实存在的感觉，孩子需要得到关注，不能漠视他们。家长应当为孩子提供支持，营造安全的空间，让他们感到安心。我们完全可以为孩子打开夜灯、自制"防恐惧喷雾"、在房门上张贴写着"怪兽勿进"的海报、将怪物的画像锁起来……总之，我们得和孩子一起寻找解决的方法。这种以家庭为单位的策略更有效。请务必记住，孩子的不安全感是真实的。

最后，考虑到当今社会的现实情况，我想在本节最后谈谈科技带来的隐私保护需求，以及尊严和荣誉感需求。当然，还有让孩子表明自己需要什么的需求。

现在，各种科技产品触手可及，我们必须高度重视，保护孩子不受科技产品的负面影响。现在的孩子自幼便接触各种科技产品，尤其是互联网。如果让孩子在没有家长陪同的情况下，自由且不加辨别地上网，就好比让一个八岁的孩童驾驶汽车。其实，科技产品背后危机四伏。身为家长，我们应该提供适龄、健康的科技产品与内容，并对孩子进行危险教育。

虽然在大多数家庭中，保护孩子的隐私、尊严与荣誉感被认为是理所当然的事，但总有例外。在网上肆意传播的视频里，你总能看到对婴儿或儿童的各种嘲笑，例如展示他们摔倒、哭泣、惊恐的样子等。或许录制视频的人并无恶意嘲讽之意，却无意中侵犯了孩子的隐私、人格与名誉应当被尊重的权利。

哈哈，瞧那惊恐的小脸！

你是否想过，假如那些网上流传的脸被按进蛋糕里或走路时头撞路灯的视频的主角是你，或你那已长成少年的孩子不小心成了恶搞视频的主人公，你会做何反应？你还会觉得很好笑吗？为什么我们要分享这些涉及他人隐私且打击孩子自尊心的视频呢？难道我们与视频中的孩子素不相识，就意味着他们会对此毫无感觉吗？

爱、归属感与联系需求

此类需求指感受到自己原有的样子被喜欢、被关注以及被爱。

人生来是群居性动物，需要在社会中生活、成长。因此，当孩子感受到来自父母、家人或照顾者真诚而持久的爱与认可时，上述需求便会得到满足。

在家中，孩子也有被关注和被认为有用的需求，长大后在社会中也是如此。孩子需要感觉自己对家庭有所贡献，与家人并肩协作，且这种协作能被认可。简言之，他们想成为家庭的一分子。

当孩子与父母、家人或照顾者形成一种充满安全感与接纳感的牢固关系，双方将共同感受到幸福，这就是所谓的"依恋关系"。这种依恋关系是一种情感纽带，自婴儿时期萌芽，持续发展，直至孩子成年。孩子还会与他人建立新的联系，例如好友、老师、同事与伴侣……独立而自由地与家人之外的人建立联系，并与其分享生活、交流和协作，这些是人的本能。这些行为能够让孩子的人格得以在集体社会中变得健全，促进孩子健康地成长。

我帮你！

假如你两岁的儿子让你把手中的盘子给他，因为他想帮你准备晚饭，摆放餐具。此时，你的眼睛瞪得和盘子一般大——他可能会摔坏盘子或者弄伤自己。此情此景，你觉得熟悉吗？你会怎么做呢？实际上，孩子都是热心肠，总是乐于助人。可往往我们会拒绝，或者换一个无足轻重的挑战性很低的事情让他们去做。这样做会削弱孩子的自我价值感，无法满足他们为家庭做贡献的需求。

请抓住契机感受孩子的需求。既要制定适龄的任务，更要信任他们。例如可以让他们逐一拿取碗碟瓶罐，摆放餐巾……其实，日常生活中处处皆可让孩子帮忙。请好好把握！

自尊与被认可需求

在某种意义上，孩子通过满足前文所述的各类需求，逐渐认识、感受家庭中和社会中的自我。可以说在很大程度上，自尊与被认可需求的实现要基于其他需求的满足。

我们通过与身边的人建立关系，以及从身边的人那里得到持续评价来构建自己的人格。身处各种环境中（若是充满安全感的环境自然更好），孩子会逐渐学会自我尊重（关于自己的认识），并感觉到被认可（他人对自己的尊重与关注）。

这样一来，孩子便会感觉自己有力量、有价值，变得自信，拥有足够的承受能力去笑对人生无常。如果家长在陪伴孩子的过程中始终相信与鼓励孩子，用温柔、理解且耐心的态度对待孩子，孩子就能拥有足够的自尊。

你把牛奶弄洒了，真没用！

如果我对你说的是"牛奶洒到你身上了，你想到办法解决了吗"，你感觉如何？你倾向于哪一种表达呢？想必你会告诉我，你不仅得到了安慰，还感觉解决问题的能力被激发了。而且，我在以另一种方式告诉你——你可以做到。看到了吗？虽然是相似的话语，但后一种表达充满了正向的可能性，不会损伤孩子的自尊，或导致孩子负面的自我感知。

同时，孩子需要发展思维与表达观点的空间（言语、创造、音乐等），也需要能够展现智慧、感觉与情绪的空间以及能够被信任、被重视、被倾听的空间。长此以往，孩子的自我意识将慢慢觉醒，逐步发展出必要的批判能力，从而引导他们以身边的人为参照，找到人生的志向。这种个性、表达力与影响力的发现意义重大，它能够让孩子自主地探索世界，满足他们追求自由、独立的需要。

以上为孩子的基本需求（在一定程度上也属于成年人的需求）。现在让我们把目光转向金字塔的顶端——成长需求。

> ## 你是小孩子，别插嘴！

　　很多时候，我们低估了孩子那惊人的眼光、口才和逻辑能力，忽略了孩子的感受与思考，最终让孩子失去了开阔视野、走出舒适区的绝佳机会。其实，孩子也是有思想的个体，或许我们与孩子的区别在于他们看待世界的方式更富有创造力、更公正、更客观。

　　你是否想过，如果孩子的观点不被家长倾听、不被真心对待，孩子会有什么样的感想？他们还能健康地成长吗？家长应当学会倾听孩子，询问孩子的建议，站在孩子的立场上看待问题……如此一来，家长才会以更新鲜的视角看待当下之事，并懂得认真采纳孩子的建议。同时，孩子的自尊心与正向自我认知也将健康地成长。

成长需求

认知需求

　　此类需求指的是理解人生方方面面的需求，以及纯粹对知识的渴求，去发现与理解未知世界的冲动。

> ## 妈妈，为什么那个男人没有头发？
> （孩子用手指着对方，避免你不清楚）

　　如果你的孩子现在2~5岁左右，想必你已发现他对世间万物充满好奇心。你可能已经被问过类似的不合时宜的问题。这是因为孩子的脑海里会出现无数的疑惑：为什么人要睡觉？为什么桌子叫桌子？为什么狗要叫？尿是从哪里来的？为什么大便是臭的？为什么交通信号灯只有红、绿、黄三种颜色？为什么……你会怎么做？仔细解答还是充耳不闻呢？

我曾听说，我们如果真正聆听与探索这些问题中的1%，就会学到很多的知识，它们关乎生活、哲学、情感与心理……这是多么令人振奋的事情啊！

自出生时起，我们便调动全身感官，满足自己探索与认识周遭环境的需求。我们首先学着了解父母，逐渐建立依恋关系，并获得安全感。后来，我们尝试去理解周边的世界。

孩子需要发现除具体个体之外的世界，理解所处社会的文化准则，明白万物运行的规则，学会研究、组织、联系与剖析事物。加拿大研究员凯瑟琳·勒库耶说："孩子以一种谦虚坦率、快乐开放的态度理解现实，并接近成年人永远无法理解的神秘地带。"的确，与成年人相反，孩子不会将一切视作理所当然的事。好奇心是他们的动力之源，驱使他们满足求知与理解世界的欲望，迎接知识的来临。有关好奇心这一儿童发展与学习过程中的重要一环，我将在后文谈到。

身份需求（男孩或女孩）

此类需求是关于自己是谁和未来成为谁的根本性冲动。正如本书开头提到的那颗种子，假如环境有助于成长，孩子会跟随自己的内在冲动，自然而然地逐渐激发所有潜在的能力与才智，无须借助外力。当孩子感受到有勇气、有能力、被保护和被支持时，便会活在当下，全身心地感受生活。换言之，此时他们的需求得到了最好的满足，因为他们获得了很多的爱与归属感。

另外，跟随内在冲动的指引，在真简善美、诚实公正、快乐纯粹、独特创新等品质的驱动下，他们会将所有的能量倾注于日常生活的每件小事中。当你驻足观察小男孩或小女孩的一举一动时，你会发现现实的确是这样。这些美好的品质，正如马斯洛所说的，属于"元需求"的范畴——即位于所有其他需求层级之上的需求。它们在童年时期十分活跃。

如此一来，孩子将发挥所有的潜能与创造性，投身于当下的生活。出于求知需求（好奇心），他们会不断地踏出舒适区，不苟求完美，接受自己与他人本来的样子，享受、珍惜每一天的日常小事，做事纯粹而不功利，只为简单的欣喜与快乐（如同玩耍）。

自在而善感地生活，意味着"自然、天真地欣赏生命中的美好事物，并为之惊喜、着迷"。马斯洛在谈及自我实现时这般说道。

让孩子成为孩子本身！

这一点是孩子的身份需求。让孩子成为孩子，要唤醒、探索与发挥每个孩子独一无二的可能性，让他们感受独特的童年生活。玩闹跑动、突发奇想、保持安静、享受当下……谁不眷恋这些呢？

由于我们苛求完美的控制欲，孩子的心血来潮经常被制止与修正，甚至遭到操控与惩罚。家长总希望孩子表现得像个成年人，却忘了其本质只是个孩子。长此以往，孩子只会与自己本来的模样渐行渐远。

在下文中，我们将深入探讨运动、玩耍与娱乐需求，毕竟它们贯穿于前文提及的各种需求。

运动、玩耍与娱乐需求

我认为这三种需求是一种手段，使孩子在对内与对外探索时完成求知、表达、与学习目标；也是一种动力，促进孩子成长与发展，并抱有平和、快乐的人生态度。此类需求是天生的，存在于人生的各个发展阶段，能帮助个体在面对诸多需求时保持稳定与平衡，更是所有前述需求与求知欲的源头，其串联作用显而易见。

就身心发育层面而言，孩子凭借游戏与玩耍向外界证明——他们可以活得生动、充满活力。当然，玩耍也是孩子内心幸福与平衡的源泉。

"运动—玩耍—娱乐"好比孩童的内心写照，反映了他们对内探索与对外求知的需求，以及构建成熟自我的需求。这种需求与人同在，直至人生尽头。

如此看来，运动、玩耍与娱乐需求对于个体的健康成长和全面发展举足轻重。因此，提供适宜的空间与时间、物质条件、心理支持相当重要，可以让孩子在人生路上安然前行。

安静，你玩够了吧！

总的来说，孩子很难做到这一点，除非他们花费巨大的力气。但这或许满足的只是你的需要。

有时，孩子让人精疲力竭，特别是在我们渴望安静与休憩的时候、抗拒噪音的时候或上床睡觉的时间已经到了的时候。我非常理解这一点，因为我经历过，并且正在经历。如果我们能够多理解孩子一点儿，便能换个视角看问题。

请回忆一下，有多少次我们让孩子停止玩闹、保持安静，却丝毫不注意语气是否合适、真诚？的确，我们和孩子的需求都应得到尊重，但至少应当向孩子解释清楚，毕竟只有互相理解，才能更好地陪伴孩子成长。

因此，在发生类似的情况时，我们可以问问自己：这是我的需求还是孩子的需求？此刻让孩子停止玩耍真的至关重要吗？我们需要做出调整，换一种更加真诚的表达："我看你精力十足，还想继续玩。不过我有些累了，需要休息。你想坐在我身边给我读书吗？或者你有没有别的想法，例如你玩耍的时候给我时间休息呢？"

能见证孩子充分成长是多么奇妙的事情呀！我们只需要以平和、感性的态度照顾他们。

承认孩子的上述需求意味着向理想中的陪伴迈进了一步。我们极少谈论与展示自我需求，更不懂得承认与表达自我需求。我们习惯用冲突的形式展露未被满足的需求，例如评判、质疑、抱怨等。

在了解孩子的种种需求后，想必现在的你能够辨别孩子的需求，并以最好的方式陪伴、支持与引导孩子，从而让他们的人生充满快乐，并日趋完满。

起点

我们应以何为起点，走上清醒、从容、有常识的教育之路？

你觉得自己活得充实吗？无论是与否，或模棱两可，都请写出原因。

我们探讨了关注孩子的需求对于促进孩子成长为真实、独特个体的重要性，也知道了家长的相应责任。然而，我们可能不知道自己是谁、自己想成为什么样的人、自己需要什么。

你需要什么？

我们与那个真实、自在且生机勃勃的自己渐行渐远。我们早已忘记倾听孩子的指引，尽管他们一直在那里等待被倾听。

在这种状态下，我们踏上教养子女的道路，却无法停下来，思考人生最基本的事情——我们想要什么以及该如何实现？

你想如何教育子女？你认真思考过吗？

通常，我们会回答一些社会固有的或祖辈传承的育儿理念。我们或是循规蹈矩，或是全盘否定，或是取其精华。毕竟人类教育子女的历史并不久远。我们总是依靠已知的或可得的教育知识，无暇思索自己理想中的教育之路是什么样的。

请不要担心，因为我们在同一条路上。三思而后行的人太少，假如无法做到，面对现实即可，毕竟世上没有为人父母的说明书。但只要我们愿意重新了解事物与思索未来，就能找到陪伴子女成长的意义。

你教育子女的出发点是什么？请选择最贴近现实情况的答案，也可自行补充完整。

☐ 出于好奇心与求知欲，想把自己最好的东西给予子女，让他们幸福、快乐。

☐ 出于让子女获得好的教育（虽然我并不清楚何为"好的教育"）。

☐ 出于把自己最好的东西给予子女，让他们健康、快乐地成长。

☐ 出于我不清楚应当做什么，但我想做到最好。

☐ 出于迄今为止尝试的育儿方法都行不通，想接触新鲜的观点，并验证其能否奏效。

☐ 出于对家中一团乱麻的逃避和对片刻安宁的追寻，希望找到让孩子成长的方法。

☐ 出于 ＿＿＿＿＿＿＿＿＿＿＿＿＿＿＿＿＿＿＿＿

＿＿＿＿＿＿＿＿＿＿＿＿＿＿＿＿＿＿＿＿＿＿＿

☐ 出于 ＿＿＿＿＿＿＿＿＿＿＿＿＿＿＿＿＿＿＿＿

＿＿＿＿＿＿＿＿＿＿＿＿＿＿＿＿＿＿＿＿＿＿＿

一切都出于我们想给孩子最好的东西，让孩子健康、快乐地长大。我相信你们已经做了所有能做之事。

其实，我们所有的愿望——例如孩子能健康、均衡且快乐地成长，恰恰是孩子在成长过程中所做的事。他们的成长都基于当下，基于我们创造的独一无二的现实。现实远比我们的期待重要，因为期待并不能帮助孩子前行。也许对某些人而言，它们是有益的，但对你的家庭、你的孩子和你自己而言，未必如此。请基于对上述内容的思考，认真回答下面的问题。

你以何为出发点教育你的子女？

　　为了帮你厘清想法，找到你的出发点，我提出以下问题，请真诚地回答。

　　此刻你觉得自己是谁？

_____

_____

　　此刻你如何看待自己？

_____

_____

　　你喜欢什么？什么让你觉得活着很快乐？

_____

_____

_____

　　你的需求是什么？你的需求被满足了吗？

_____

_____

_____

　　你最想实现的梦想是什么？你为此努力了吗？

_____

_____

_____

　　你害怕的东西是什么？

_____

_____

_____

是什么阻碍你成为理想中的自己？

_____

_____

_____

　　或许你感觉与自我脱节已经很久了，或许你在回答个别问题时感觉很吃力，或许你认为日后再面对这些问题更合适。但我想让你明白，立刻写下答案有助于构建理想的教育之路，因为首要之事在于真诚地面对自我。所以，请认真回答，不必加以评判。它们是属于你自己的答案，它们值得被重视。

　　其实，不匆忙的成长这一发现首先得从自我觉察中获得。这一点也许你尚未发现。其次，为适应孩子的自然成长节奏，我们会不断调整速度，让孩子自由地发展。

　　我们不会停留在此，而是会逐渐前进。现在阅读你对前面的那些问题的回答，想必此刻你已意识到，自成为父母起，你开始忽略与自我有关的方方面面——那些作为成年人可以拥有的基本需求，例如能让我们不陷入冲突的关怀与宠爱。如今，我们的父母不再照顾我们，我们应当自己照顾好自己。

　　因此，了解如何对待这些需求与如何宠爱、关心自己至关重要。假如我们无法照顾自己，又如何谈照顾他人呢？

　　是时候隔绝外界的喧嚣，找回自己的节奏，找到属于自己的"圣殿"（由头脑、心灵构成的内在空间）了。

请敞开心扉，找出10个你喜爱的颜色填入右边的"生命之轮"。仔细思考下方的每一个要素此时在你生命中的分量，并打分（1分代表分量最低，10分代表分量最高）。请保持真诚，不会有任何人评价你。请跟随内心，这是为你自己而填写。

注意：如果某个要素与你的实际情况并不相符，请自行替换；如有需要，你可以增加要素。这是属于你的"生命之轮"。请相信，没有人比你更了解你自己，只有你自己才明白你需要什么。

生命之轮

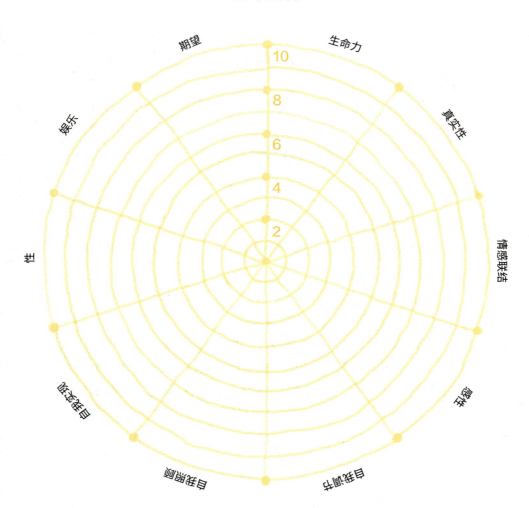

如果不理解上述字眼，请阅读下一页的解释。

看着我的"生命之轮"，我发现 _____

_____

_____

下面是我关于"生命之轮"各个方面的理解，或许能够为你提供一些灵感。

生命力——激活你的那股力量，让你每一天都欢欣鼓舞、充满好奇。

真实性——所言、所做与所感之间的一致性，让你自由自在地生活。

情感联结——当你需要时，帮助你倾听、认识、指引与接受自己的自爱。

感性——情感、身体与心理层面的开放状态，帮助你接收重要信息，活在当下。

自我调节——调节思想、情感与行为的能力。不仅有利于自己，也有利于他人。

自我照顾——以自己需要的方式照顾自己、安慰自己、关爱自己。

自我实现——赋予你人生意义的事的实现程度。

性——独处或有人陪伴时，对自己身体的关注与取悦行为。

娱乐——你与自我或他人产生联结的放松活动，重在享受过程。

期望——你对未来的事或外界行为的设想，程度有高有低。

不着急，慢慢来。这能反映出你对当下生活状态的感知。这毫无审判的意味，只是想看看你的"生命之轮"是否能够顺畅地转动。

> 所谓不匆忙的教育，全都取决于你。请重复这句话：一切从我开始！

　　请先调整自己，再决定你该以什么样的速度前行。你必须明白，你对孩子的照顾会成为他们模仿的范本，你的内在平衡能够改变家庭气氛。想必我们都赞成，只有平静、耐心且富有同理心，才能在孩子哭叫吵闹时保持镇定，解决问题。

　　当我们的需求被满足与关注，我们才能够产生同理心，停下来思考，然后继续前行；我们才会避免生气、不满，避免越界。事实上，缺少边界感的表现之一便是不关注你自己的需求。也许随着一味地付出与给予，你的边界感会模糊不清，与他人的界限混淆，以至于你不清楚自己置身何方。

　　上面提到的"生命之轮"能帮你找回自己、衡量自我，从而走上自我觉察与教育子女的道路。你要始终明白自己需要什么，这才是重点。

　　　　请写出"生命之轮"中你认为得分较低或失衡的三个方面。

请闭上双眼，想象上述情况得到满足时你会有怎样的感受。每个方面都试一试，并询问自己：拥有这一方面的你感觉如何？你的脑海中浮现出了什么样的画面？画面中有其他人吗？你在什么地方呢？画面中出现声音或语句了吗？有特殊的颜色吗？

请你用心回答上面的问题，并在接下来的白页中绘制你的灵感板。你可以在上面贴照片、涂上颜色，也可以写下身心满足之时自己想传递的话语。

如果你的需求发生变化、得到满足或产生了新需求，你可以自行绘制新的灵感板。

灵感板 →

育己即愛己。

育己即愛己。

请别忽略自己。

现在，你已经了解"生命之轮"薄弱的三个方面是什么，请想办法弥补与加强。请不要担心这是自私的行为，因为自己的事才是最优先的，只有爱自己，方能爱家人。

参考"生命之轮"，现在我们便可以规划理想中的教育之路。也许你以为这条路是笔直而平坦的，实际上弯道与岔路、陡坡与死路随处可见。当然，路上也会有迷人的绿草与鲜花，有美丽的日出。是否能顺利地走在这条路上，一切都取决于你。

请记住，你并不是一个人前行，有我在，还有家人和子女陪伴着你，他们也会跟随你一起出发。

前进吧，欢迎来到教育之路！

第二站

不匆忙的教育

　　在上一章中，我们探讨了儿童需求金字塔，它是我们在教育之路上发掘孩子潜力与个性的依据。金字塔的前两项（生存需求、安全感与尊严感需求）是个体生存的基石，我们往往认为为子女提供照顾与安全感是一种持续性行为。

　　在渐进的需求阶梯中，简单的照顾并不足以支撑孩子成长为完整个体，也无法满足孩子的自尊与被认可、认知、生存等需求。能够让个体充分发现自我与发展自我的陪伴，是渐进而不急躁的。个体能在生命的每一阶段保持批判性思考，积极地参与人生，拥有改变自我乃至社会的力量。而这种陪伴恰恰是"不匆忙的教育"本身，是对子女成长抱有敬畏、热爱之情，是能与自己的孩子共情。

　　在具体实现层面，需要孩子的直接教育者（例如父母）陪伴孩子发现世界，直至孩子能够以建设性和批判性的方式"阅读"与阐释周遭世界，怀抱同情心与奉献精神，展露创造性与合作精神，保持判断力，感觉到自己是世界的一部分，做自我成长、发展与学习的主宰者。作为子女的参照者与教育者，家长需要为孩子提供适宜的环境，以保护他们内在的动力。

　　下面有几种教育方式：

　　正式教育——与学校教育有关，主要教授课程，例如阅读、写作和计算。教育者主要通过练习、游戏完成授课。除此之外，还有课外活动。

□ 无意识教育——对提供的教育类型没有任何预设。就像无人驾驶一样，不需要人脑思考该走哪条路线。但家庭成员之间可能总是充斥着过多期望或情绪。这种教育方式疲于运行，对教育本身缺乏思考。

□ 有意识教育或清醒式教育——教育行为是有觉察的、有责任感的。能够认识到教育者在子女成长过程中扮演着重要角色。预先思考如何教育孩子以及为何教育孩子，并为孩子开启充满无限可能的世界。

你想选择哪种教育方式？请选择最适合你的方式，这可以作为你的教育之路的起点。请记得，无论选择哪种方式，都不要紧。每个人的起点都是独一无二的。明确起点，将指引你后续的道路该如何走。

无论我们的教育之路从哪里启程，其实并没有人教过我们如何教育子女，或告诉我们教育的改变性与转化性力量。在教育子女的过程中，我们才能真正地学会教育。我们将学会根据每个孩子的成长节奏、发展需求、自身能力，不断地调整教育方式。与此同时，相信我们在这条教育之路上也能找到自我，改变自我，变得成熟，用自己的方式与孩子一起进步、成长。

"魔杖"就在你手中，那些意欲了解孩子个性、探索教育之路的尝试，以及遵从直觉的做法便是你的魔法。要知道，你内心的声音会永远陪伴你，尽管它有时会保持沉默。

教育的信仰

无论是有意的还是无意的，教育通常被认为是成年人从自身的立场出发，通过教育、培养或塑造的方式，让孩子遵从社会规则，并且能在一定程度上满足成年人教育期待的行为。教育者相信孩子会自动吸收所有的教育内容，希望孩子能立刻以不影响外界且令人满意的方式做出相应的反应，从而让行为举止堪比受过良好教育的成年人。

我保留以上关于成年人教育、培养或塑造孩子的看法，这种传统的观念其实与我们正在探索的教育理念相背离，其实质是成年人从外向内对孩子进行知识灌输。

我谈论的"不匆忙的成长"，指的是"能够以最好的状态认识、激励与教育孩子，并帮助孩子发现自我，施展才能，从内向外地绽放自我，同时提供陪伴并满足孩子自内而外的求知与理解需求以及身份需求"。换言之，在家长的陪伴下，在行动力与创造性的指引下，孩子与周围的人和事不断互动，汲取知识，最终成为自己人生的主宰者。

面对以上两种教育观念，我们往往惊讶于第二种，因为我们早已习惯了第一种教育观念——成年人教孩子知识，却不提供启发心智、思考与假设的对话空间，受教育的孩子很难发现自我。然而，这种传统观念却被现在的商业市场推崇，使得许多父母执着于通过灌输内容来刺激孩子成长。

我明白，这种教育方式的出发点是好的，毕竟没有家长想让孩子落后于别人，或错过学习的"海绵时间"（能够轻松地消化、吸收所有学习内容的时间）。我也并非全盘否定这种方式。只是如果家长完全照搬，孩子可能会因此丧失探索自我与世界的能力，更无法按照自己的节奏自然地成长。

的确，在童年时期的某些阶段，孩子学东西很容易。但这并不意味着家长需要用不间断的教育活动取悦孩子，或用各类兴趣班把孩子的日程排得满满当当的，例如游泳课、音乐课、绘画课、计算机课，甚至是

宝宝认知刺激法

幼儿启蒙古典音乐

早教简明英语

提高孩子情商的益智游戏

儿童说话早教视频

量子力学启蒙课。如果我们真的这样对待一个四五岁的孩子，要不了多久，这个孩子就会感觉百无聊赖，毫无动力，需要用品目更多、频率更高的活动消除与日俱增的空虚感。等孩子长到八岁，还有什么事能让他兴致勃勃地去探索世界呢？到十八岁的时候呢？

孩子会变得苍白、麻木，既不懂得如何度过空闲时光，也不知道如何面对自己的内心世界。

家长因此惊慌失措，赶忙购入那些被推崇的风靡市场的教育产品，最终却构建出过度刺激的物质空间或心理空间，使孩子被动接受外界的刺激。孩子再无闲暇时间，甚至没有时间休息、娱乐与运动，更别提在好奇心的指引下，主动去做他们想做的事。

回顾一下前面提到的关于种子的比喻。假如我们每日以大量的水浇灌它，会发生什么事呢？假如我们耽于日复一日浇更多的水，对其他事不闻不问呢？假如我们没有细心察觉它的真实需求呢？也许起初它能够承受这一切，但在未来的某个时刻，它会无法吸收水分，根部逐渐腐烂。

人们普遍相信，教育是为了让孩子充满乐趣，而这一认识的结果是孩子的童年变得反常，他们变得不懂放松、不能集中注意力、不会思考与学习。他们习惯从一个游戏切换到另一个，不断要求更多的消遣与关怀。与此同时，家长也深受其害，疲惫、压力、空虚与迷茫接踵而至，因为无意识且无节制的"给予"行为一旦开始，便很难叫停。这是否让你感觉似曾相识？

社会与商业市场对孩童"需求"的狂轰滥炸、家长对孩童全面发展与真实需求的认知匮乏，以及对教育应有之义与实施之道的思考缺失，使家长渐渐失去思维能力，只能为子女提供无意识、无方向的教育，更别提与孩子建立联系，一同享受生命了。

但这并非定局。前文剖析了那些限制孩子成长的局限性观念。只要不践行这些观念，它们就无法影响孩子的成长。我们已然觉醒，逐步拥有新的视角与知行方式。至于局限或不足，我们可以通过求知与思索进行改善。

为了让你从部分理想信念的束缚以及对自身局限和子女的担心中解脱出来，我设计了以下练习。请在下方的清单中写出你脑海中的想法。

观念

孩子是海绵，要吸满知识。

局限

孩子感觉无聊时，我不知道怎么办。

你已经在上方写下了那些不足为信却束缚着你的观念，以及你深感局限的地方，现在让我们换个角度思考。

什么是"不匆忙的教育"

正如"不匆忙的成长"一章中阐述的那样，其实"不匆忙的教育"也是"赘述"，因为教育不可能一蹴而就，就像好菜无法十分钟做成，种子亦不可能种下后一小时就抽芽。教育需要日积月累，无论是施教还是受教，都是如此。

那么，什么是"教育"呢？

教育是开启一场对话，其中一方尽力付出，另一方绝对接受。这盘"菜"需要文火慢炖，耗时许久方显真章。它还需要若干配料，诸如：

爱、谦虚和慷慨。

将教育比作对话，说明教育是一种双向沟通，参与双方共同创造谈话内容和学习内容，并从双方贡献的内容中受益。

如此看来，在教育中，一方全心付出，同时收获另一方的目光、反应与配合。

作为教育者，我们应该谦虚、开放、无条件地分享与收获知识。我们分享的知识和经验往往反映了我们自己的形象。

现在，让我们思虑片刻，用下面的活动验证上述言论吧！

孩子给出你理想中的回答与孩子给出自己真实的回答是不一样的，两者有微妙的差别。请描述你面对两种回答时的感受。

我的孩子回答我想听的内容时，我的感受是

_____

_____

_____

我的孩子回答他真正想回答的内容时，我的感受是

_____

_____

_____

接下来，请阅读下列表格中的词语，就两种情况下孩子的感受展开思考。

顺从	信任
自满	诚实
害怕	自我价值
不信任	知行合一
孤独	真诚

你想让你的孩子拥有哪一列的感受与品质呢？一定是右边那列。我们都希望孩子拥有这些感受与品质，不是吗？反思与改变我们的行为虽是小事，但能让孩子受到影响。

通过以上活动，我想表达的是，只听我们想听的回答，对那些与我们的观点相悖的言论、戳穿我们错误的话语避而不闻，自然是舒适的。然而，展开有趣对话的可能性也因此被抹杀。

用这种视角来看待教育，家长将成为孩子人生旅途的陪伴者，与孩子携手走过漫漫人生路。同时也将成为孩子完全信任的领路人，为孩子解惑答疑，慷慨地付出知识、经验和资源，塑造孩子的批判性与创造性思维。

当我们用爱与谦虚看待教育行为，将自己同样视作孩子的接受者与学习者时，我们也是在自然地敞开心扉，带着好奇心去观察与思索另一个体的想法、需求、喜恶、梦想、才能。我们可能会钦佩孩子的恒心与毅力，赞叹孩子的视野与格局，倾心于孩子的语言艺术，对孩子的创造与发现感到惊喜。孩子的奇妙魔力感染着我们，让我们重新发现生活中的重要细节，以及种种探索带来的无限可能。

与孩子相处时，我们被他们天真的眼神感染，惊讶于自己的思想竟然可以变得如此丰富且富有创造性。在教育这场对话中，我们所有的付出都是心与心的共振，我们有意识地根据孩子的需求和成长，不断调整对话内容，这些内容极有可能成为孩子人生路上长期的灵感与动力源泉。

值得一提的是，当我们这般看待教育，我们的子女将拥有真正全面发展的机会。也就是说，他们会回答他们心中真正所想的事，而非你想听的内容。

在这里，我想提醒大家，孩子其实是父母的镜子，可能会反映出我们并不乐意见到的阴暗面，但这恰恰是上天赐予我们的厚礼，且无须回报。我们得以在他人身上看见自己的样子，并获得自我认识、自我探索、自我转变的机会。

请想象你坐在客厅中，打算用难得的闲暇时光读书，你的两个孩子在你身边玩耍。忽然，他们开始争吵。你竖起耳朵，听到儿子对女儿说：

你的脑袋嗡嗡作响，惬意消失了。你听到儿子对女儿说刺耳的话，

"你真讨厌！
你真烦人！"

"我要那个！"
此时女儿哭了起来。

"你是个爱哭鬼，
你老是哭！
你怎么总是这样！"

你感到烦躁，因为有些是你说过的话，是你让孩子明白他可以始终效仿你，无论是你喜欢的还是你讨厌的。你听着孩子口中蹦出令人头疼的话，开始思考它们来自哪里。随后，你想寻求解决方案。

教育是将我们自己视作参照与榜样，同时赋予自己改变自我的机会。当你在这场与子同行的旅途中发现自身的不足，你完全能够做出改变。一旦建立双向付出与收获的关系，你会因个体的持续学习与改变而感到身心畅快。

这种将身心投入当下的觉悟让我们看清事物的真面目，也让我们明白一个不争的事实：我们可以全心全意地照顾、支持与陪伴另一个个体，信任、宽容与尊重对方，且不求任何回报。

如何进行"不匆忙的教育"

这或许是最难回答的问题。正如前文所述，教育者不仅要非常了解教育这场谈话中的参与者（即我们的孩子），还应时刻把握速度，确保谈话双方并排前行，避免其中一方掉队或领先。

显而易见的是，身为教育者的我们在教育过程中不仅要戒急戒躁，还应具备诸多技能，以便让参与者在愉快的体验中吸收更多的滋养。我们应该培养这些技能，以便可以像园丁使用园艺工具一样使用它们。

它们是：

● 价值观。

● 常识。

- 感性。
- 耐心与信心。
- 创造性。
- 自我调节。

价值观

价值观是教育的基础。它是日复一日筑起的无形地基，指引着我们的教育行为，直接或间接地影响着我们的决策、情绪、反应、倾向、思想与批判能力。

而身为家长的我们，恰恰也是在童年时期通过教育塑造价值观。在早年价值范本的指引下，我们跟随自己的心，在生活中反复实践。

有意思的是，我们往往不会将其置于意识层面，我们通过言谈举止将其传达给他人与自己而不自知。

我们可能曾多次在孩子身上看到自己的投影。但我们不能放任不管，应该了解我们生存与行事的价值观，与伴侣互相校准、配合，从而以更连贯、有力的方式来传达。

我们与伴侣最看重的观念或许并不契合，毕竟我们有不同的教育背景。只要不是难以调和的分歧，应该不会造成不便，人生也许反而因此变得丰富，因为我们的子女将认识并承认不同价值观的存在。在这种情况下，最重要的是就教育过程中的基础道德伦理达成共识，避免孩子因家长传递的价值观不同而感到困惑不解。

请浏览下方的价值观列表，思索每个词的含义，并在后面的方框中补充。最后，请选择那些构成你理想教育基础的价值观。

尊重	宽容	公正
诚实	忠诚	谦逊
爱	善良	意志力
利他	平等	责任感
努力	自由	团结
勇敢	乐观	正直
知行合一	礼貌	诚信
友善	慷慨	理性
奉献	和平	怜悯

请按照重要程度由高到低的顺序，将你选中的价值观罗列在下方，这将成为你与伴侣的教育指南。请始终聚焦于最重要的价值观。随着孩子的成长，你可以进行补充。

常识

面对外界的纷繁噪音，我们应掌握更多常识，以明辨是非；我们需要分析与筛选，过滤那些不利于家庭和谐的价值观。

如今，父母大多对孩子期待过高，缺少关于教育基础的思考，一味地追逐潮流。于是，父母可能在教育过程中失去方向，在做决定时摇摆不定，丧失珍贵的直觉与批判性思维。

"直觉"与"批判性思维"这两个概念看似矛盾，但在教育层面，它们是并行不悖的。批判性思维帮助我们理智地甄别，而直觉带领我们倾听内心之声。要知道，直觉带领无数人找到了更适应自我秉性与家庭现状的教育方式。

当你面前摆放着各种教育方法与观念，例如蒙台梭利教育法、华德福教育法、皮克勒教育法，或自由教育观、生动教育观，请你务必探索并跟随那些适合你的方法与观念。假如感觉勉强或困惑，请仔细思考，或许是因为你缺乏实践经验或技巧。假如你选择的方法或观念并未轻松地融入你的教育之路，请放弃它。也许是因为时机未到，也许是因为它不适用于你的孩子，也许是因为你现在并不需要它。请始终相信自己的直觉，从自己的感受出发。

感性

开始教育这场对话，需要方方面面的感性：

● 意识到家长的任何言行举止与反应都会影响孩子以及他们所处的教育氛围。

● 从孩子的话语、情绪与反应中，察觉到孩子投来的干净、善意而谦虚的目光，保护他们的天真，让他们自由成长。

● 能够接受投射在孩子身上的自己，包括令自己生厌的部分，并把它们视作改变自我的契机。

● 能够摒弃评判，怀抱好奇心深入孩子的世界，发现他们的特性、潜能以及与世界互动并理解世界的独特方式。

● 能够敞开心扉，仔细观察，探寻生活中那些可以激发与鼓舞孩子的独特细节，并让孩子在认识自我的基础上感受自己的存在。

● 能够带着爱与耐心，利用常识，去辨别、发现与满足孩子的需求，同时平静地对待、倾听与思考其需求，从而增加自我认识，增强与孩子的联系。

总之，保持感性使我们不再停留于人与事物的表面，驱使我们探究本质。我们会逐渐改变自己的言谈、举止和反应，从而与孩子建立更真实、美好的联系。

　　我们在觉察孩子需求的时候，往往会感到困惑，因为我们总将其与孩子的任性、发脾气或坏行为混淆，执着于平息孩子的怒气，却没有停下来思索那些不良情绪与反应背后的真实内容。

　　请开启你的感性"雷达"吧，去觉察孩子的行为和情绪背后的内容。请深呼吸一下，孩子的不良表现其实是在试图告诉你某件事情，例如未被满足的需求（饿了、困了、没有安全感），尚未养成的能力（无法完成正在尝试的行为），想引起关注（想告诉你某件事情却用错了方式，比如想要更多的归属感、想要更多的关注）。

　　请挥舞你的"魔杖"，去体悟孩子的不快情绪吧！那是孩子在用隐秘的方式向你传达信息。

耐心与信心

如果想要孩子健康地成长，与我们保持联系，就必须对孩子抱有耐心与信心。

对孩子保持耐心是父母本就具备的能力。当我们真正理解孩子需要花费时间增强本领、完成任务与领悟规律时，这种能力就得到了深化。我们对孩子付出耐心，给予他们时间，例如他们想抓住一粒纽扣，但多次尝试未果，我们鼓励他们继续尝试，而非直接帮助他们。这样一来，孩子就能自信、独立、自尊。

教育非一日之功，而是持续一生的关于爱、奉献与接受的综合行为。孩子无法一天就学会我们教给他们的内容，需要不断地重复与巩固，以及大量的练习与实践。因此，如果有必要，无条件地信任他们即可。请深呼吸，一切都会过去，一切都会到来。

请记住，我们需要耐心，因为：

● 耐心是教育之路的基础。虽然这条路可能不是完全平坦的，也可能有需要走回头路的情况，但我们要始终耐心地铺就这条路。

● 当我们不知不觉地加速时，耐心能及时控速。

● 耐心能使我们与孩子共情，不断调整自己的前进的速度，以适应孩子的速度。同时让我们明白，焦躁的情绪与孩子无关。

● 当以上情形难以实现时，耐心能使我们平心静气地向孩子解释自己的想法，从而获得孩子的配合。

如果留意过，想必我们已经发现，在上述情形中，耐心与信心携手同行。因为我们和孩子都需要相信自己，相信经受挫折也是一种学习方式，我们最终能够克服挫折。

同时，信心也是自我尊重的支柱之一，它赋予我们乐观、批判和创新的人生态度，给予我们强大的力量，推动我们成为自己人生的创造者。如果孩子能够察觉到父母对他们能力的信任，会产生什么样的感觉呢？终有一天，你会仰望他们的背影，并看到他们在信任下生出的"翅膀"。

假如你的孩子请求你帮忙画一幅图。你可以直接作画，或者耐心地教导他们，培养他们的耐心。你坐在孩子身边，问：

你想画的那只恐龙有头吗？长什么样？

我不知道！

尝试一下？你想象它的头是什么样的？

孩子开始作画。

哇，原来它的头是这样的！那身体呢？它有身体吗？

你耐心地提出问题，给予引导，而孩子也耐心地作画。这样一来，孩子的自信心得到增强，而其毕生都需要的自尊心也得以累积。

每当你表示信任，你都在告诉孩子：你可以！你值得！你能！

创造性

请注意，以数据为例，虽然你没有创造它们，但你对它们的阐释是具有创造性的。

其实，我们生来便有创造性。我们习惯了将创造性与手工或艺术相关联，这无可厚非，但事实远非如此。创造性是以创新的形式，利用既有资源解决问题的能力。虽然你并不觉得自己是个革新者，但我相信，至少你是果敢的。

　　教育需要创造性，因为我们需要在创造纪录的时候整合诸多变量、策略与工具以应对孩子的一场哭闹、一次挫折或生活中每日上演的一场场风波。

　　你具有创造性吗？

　　另外，创造性还可以缓和局面，增添幽默趣味，或者用另一种更清晰的方式向孩子传达信息。

> 　　创造性的奇妙之处在于能够带领我们走出舒适区。在舒适区中，我们倍感安全；而离开舒适区，能让我们以新的方式观察世界，尝试不同的行事方式（特别是在我们想做出改变时）。我们不再惧怕犯错，并能以更灵活、幽默、快意的方式对待人生。

自我调节

　　自我调节是最重要的能力之一，但实现也最复杂，特别是在遇到困难的时候。如果我们想以谦虚、利他、慷慨的态度教育与陪伴孩子，毫无疑问，我们需要确保这一行为的连贯、平衡与持久。因此，当我们的情绪发生改变时，我们需要调控与约束，以保证其平稳运行。

　　为了说明自我调节的重要性，接下来将专门花些笔墨探讨那些支配我们的情绪。

支配人类的情绪

人类是既理性又感性的生物。虽然我们带着理性面对人生，但在某些情况下，我们的行为还是会被情绪左右。在家庭生活中，情绪同时影响父母和孩子。值得一提的是，父母和孩子会以相似但不同的方式处理负面情绪，并在产生不良影响之前启动自我调节机制。

那些支配孩子的情绪

请想象以下画面：你准备了最美味的点心，满怀期待地来到学校，给迎面走来的你的孩子一个大大的微笑，孩子却叫嚷着今天不太想吃。你经历过这种情况吗？

孩子的回答如此出人意料，以至于你的期待在顷刻间化为乌有，来时的满心欢喜也变成泡影。你感到窘迫、气愤，祈求这场闹剧尽快收场。此时你会怎么做？你有多种方案，这取决于你的压力程度与调节能力。

在类似的情形里，如果你的孩子已被情绪支配，以下几条"心灵咒语"能够帮助你避免失控。

● "那不是在针对我，也不是为了让我不舒服！那是孩子自身的情绪反应，事出有因，但不是因为我。"

● "羞耻感是我的，与孩子无关！家长习惯反思，也会因为在公共场合教育孩子而感到不适，却没有注意到孩子的反应只是出于纯粹的情绪。家长理应教会孩子情绪管理的本领。"

● "期望是我的！我不应该把期望寄托在孩子身上，那是我的想法，与孩子无关。他不喜欢那份点心的话，根本没什么关系（那并不是在针对我）。"

● "那是孩子的杏仁核作祟，与孩子无关！简而言之，人类的情绪脑由杏仁核支配。情绪脑运行时，用于冷静思考与决策的理智脑失去作用，于是情绪爆发且难以自控。对孩子来说，让情绪脑和理智脑协作运行十分费力，因为能够自我调节的理智脑成年后才会发育成熟。"

念出以上"咒语"，能帮助我们调节自我，及时消除负面情绪，以更平和、更具创造力的方式度过负面情绪光顾的时刻。举个例子，我们可以邀请孩子回家后一起制作点心，或一起想一些有待日后实践的点心食谱。

那些支配我们的情绪

我们此时体验的便是"杏仁核绑架"现象，这是美国心理学家丹尼尔·戈尔曼在其情商理论中提及的概念。当理智脑将控制权让渡给情绪脑时，无论是大人还是小孩，目光所及皆是压力，于是会失去理智、大吵大嚷、讥讽责怪，或采取威胁、恐吓、责罚等威慑性手段。如前所述，成年人的理智脑发育相对成熟。因此后来其理智部分回归时，便会对已发生之事懊悔不已。这一幕你觉得熟悉吗？

请想象另一幅场景：一整天的工作后，你感到筋疲力尽。晚餐时间将近，饭在准备中，你急需运行"洗澡—吃饭—休息"模式。此时，你的孩子却在忙于他事，于是你只能大喊：

"快去洗澡！你们难道想浑身脏兮兮的吗？"

"快把碗筷摆好！难道我们要用手抓饭吃？"

"我受不了了，真想把你们丢掉！"

"我和你们说了很多次，要么把睡衣穿好，要么别看电视！"

"好了，今天没故事听，你们都去睡觉！我受够你们了！"

这些话语很不中听，却真切地出现在许多家庭中，包括我家。任何人都不会喜欢这些令人不适的话语——无论是说话人还是听话人，我们却总是不由自主地说出来。我想，此刻你们的脑海中一定浮现出诸多类似的话语，有一些我们曾在童年时听到，而有一些我们曾下定决心不再说出口。

回想那些话，把它们不加修饰地写下来。这是提醒自己的最佳办法。请相信我。

　　以上话语足以给孩子贴上标签，而语言中包含的不悦情绪则让我们深感为人父母的失败。但请明白，它们是寻常的，是人类难以避免的。只要我们能够甄别它们，将其从无意识层面带到意识层面，理解它们产生的原因并将其转化，就能将它们清理出脑海。

　　我们明白，那些支配我们的情绪也左右着我们的孩子，它们无法定义我们或我们的孩子是什么样的人，只是不自觉地产生了。于是，我们从这些情绪中解脱出来，不再苛责自己，也不再过度期待。

　　在日常语境中，这些情绪的出现往往反映了存在于家长或子女身上的典型问题：

　　● （现在或者过去）未被满足的需求：饥饿、疲惫、困倦、不被理解与关注、亲情缺失等。

　　● 价值观的破坏：不受尊重、被歧视、受骗、不被信任等。

　　● 边界被侵犯或缺失：边界缺失、边界模糊、缺少沟通等。

　　● 能力欠缺：孩子无法独立完成任务与高难度挑战，缺乏管理情绪的能力；家长缺少改善局面的有效方法，缺乏处理某类问题的经验和知识，容易感觉尴尬，不善于管理期望等。

> **请现实点儿吧！情绪外溢是人类的天性。我们有资格生气。重要的是如何疏导和表露情绪。**

失控时我们应当如何调节

　　自我调节是自愿的有意识行为，旨在调整那些支配我们的情绪，以平和、尊重且稳妥的方式开展理想教育。我们的所想、所感、所做与我们的情绪息息相关，而我们调节情绪的能力则与周围的人和事相互联系。

　　总而言之，自我调节就是聚焦自身，关注那些使我们情绪波动的事，察觉不良情绪的外部诱因，并明白这不过是在表露我们期待倾听、支持、关怀与陪伴的需求。我们应该照顾好自己的感受，这是最佳的预防方法。

探寻不良情绪，有助于我们有意识地察觉诱因，了解关联症状，找到调节方法。

请回想最近你情绪失控的所有情况，也可以回顾前面写下的伤害性话语。

完成右页的表格，写出情绪失控的导火索、实质性原因以及将其转化为积极情绪的方法。

情绪失控的导火索	实质性原因	自我调节的方法
天色已晚，孩子却不睡觉。	你非常疲惫，很多该做的事还没做完。	简化日常事项，合理安排时间，精神饱满地陪孩子。
孩子不喜欢你准备的点心。	孩子在学校里和同学发生了摩擦。	用暗号提醒孩子，让孩子知道你今天过得也不好，希望孩子能体谅你。

当你将上述自我调节的方法付诸行动，你将：

- 转变重心。以更客观的方式分析问题，将其视作双向学习的契机。
- 理智地看待孩子的行为。
- 在可能出现混乱的时候，留出思索的空间，帮助自己看清情况。
- 为自己的情绪负责，不向孩子或家人撒气；明白孩子在情绪管理方面需要家长施以援手。
- 与孩子共情，明白孩子仍年幼。
- 行事更灵活，更尊重他人，更有创造性。

上述自我调节手段对于家庭和谐十分重要，与此同时，父母的身体力行能更容易让孩子接受教育（在后文中，我们会看到孩子进行情绪调节的方式其实是游戏）。孩子将懂得认识自己、尊重自己、关注自己。

以个体为单位的陪伴

教育是一场充满感性与创造力的双向对话，家长有意识地全身心投入当下，在陪伴子女的过程中不断补充常识、给予耐心与信心、及时自我调节，以美好品德与榜样作用厚植孩子健康成长的沃土。

这种清醒且积极的态度不仅能帮助我们消除麻痹感，用敏感、纤细的心感知孩子成长的变化，为孩子创造自由、宽松的成长环境，满足其需求，激发其潜能，还能帮助我们摒弃固化的思维模式，在陪伴孩子成长的过程中给予尊重、怜惜与爱。

当我们将孩子每日的细微成长视为馈赠，目睹其羽翼渐丰，我们便会逐渐明白，教育并非简单的知识填充，还会对孩子的充分成长抱有信心与尊重。我们不再匆忙行事，因为我们知晓成长终会来临，享受当下的状态即可。

同时，我们不再把孩子与自己捆绑在一起，不再把自己的事情转移到孩子身上，毕竟上述行为有可能扰乱、减缓他们的成长。我们开始有意识地调节自己的情绪，理智地看待孩子，不损伤孩子的个性。

此时此刻，让我们回忆前面画的那颗"种子"。假如你手中有两颗苹果树的种子，你将它们种在不同的地方，它们互不影响。你为它们提供同样的关怀、光照与温度，于是它们发芽、成长。你会发现，虽然它们长出了相似的树干、枝叶，随后也都会结出苹果，但这两棵树终究是不同的。

我们往往认为，我们教育不同子女的方式是一致的，但事实并非如此。一方面，如果孩子有年龄差异，我们在照顾年纪较小的孩子的过程中便不再充满天然的恐惧感。在年纪较小的孩子出生前的那些岁月里，我们在改变，周遭的物理环境、时代风尚也在改变。另一方面，年纪较小的孩子的脾气、秉性、能力与经历等可能与年纪较大的孩子不一样。你也将因此发现教育的另一面，例如那些你曾忽略的方面，或你曾以不同方式对待的方面。

始终用同样的有色眼镜看待孩子，就像将孩子与自己共同封入模具中，也许这些模具并不适合我们与孩子（毕竟我们在育人的过程中也在改变自己）。

由此可见，关注个体需求，发现孩子的独特之处，这至关重要。这同样适用于孩子的学习过程——我们应当根据每个孩子的节奏、需求与个性不断调整教育内容。后面我们将深入讨论这一点。

我想到一个平分物品以满足公正需求的例子。假设我们养育了几个孩子，为了避免冲突，我们的选择往往是平均分配食物，却从未思考过更合理的分法是满足最重要的需求，根据每个人的饥饿程度分配食物，从而保证有人需要更多食物的时候有粮可发。

我们应当关注不同家庭成员在不同时刻的特殊需求。这样一来，我们才能区分任性妄为与真实需求，同时设下前提——每个家人的需求都是重要且特别的，都会得到关注。

于是，我们放下心来，调整过高的期待。教育应当是个性化的，应当因材施教。

与孩子共同成长：学会观察与建立联系

不匆忙的成长与教育是一条充满挑战的道路，我们在路途中觉醒，感受到生而为人的意义。

观察孩子的成长，便是与个体最纯真的部分相拥，与我们自己被遗忘的个性相遇。其实，我们偶尔也想尽情地玩耍。

孩子为我们打开了一条观察世界、享受生活、与周遭及自我建立联系、发现改变自身力量的通道。在与孩子为伴的岁月中，我们产生了探索自我与人生意义的渴望，也产生了许多缘分与牵挂，并以这些情感为基础筑起高耸的人生之塔。

> 为人父母并不等同于让孩子平安无恙地降生，我们还要在漫漫人生路上，与孩子一起成长、学习。成长非一日之功，而是一步一个脚印，由一次次学习、玩耍构成。

在本章中，我留下了许多像面包屑一样的语句。在飞鸟来临之前，让我们收集"面包屑"，将其悉数带走。现在，请翻阅前文，选取那些与不匆忙的教育有关、且让你感触颇深的字眼与概念，在接下来的游戏中使用。

　　请完成下一页的游戏，以中心的圆圈为起点，选取通往"不匆忙的教育"道路上任意一站的路线，在圆圈中写下你的想法，例如"教育是……"。在每个站点的横线填上任意一个与教育有关的关键因素。你可以回顾前文找寻灵感，或倾听自己的内心。每个站点下方都有空间，供你写写画画，你可以记笔记或写上"心灵咒语"。

　　为了更好地完成游戏，第69页下方为你们提供了一些灵感。你打造的路线必定最适用于你的教育。请记住，真正有价值的是你自己的观点！

　　当你回顾完路程，请拿起一支记号笔，将每个站点都与中心的圆圈相连。

　　现在，你已经绘制出你的教育之路。它将成为你的灯塔，在你迷失方向时照亮你的路、为你提供思考的空间。

　　起初你可能觉得很困难，但只要多加练习，力求变成更好的人，你的"自动驾驶模式"便会逐渐停止运行，你内心的声音将越发洪亮，为你指明方向，并给予你前进的力量。

爱

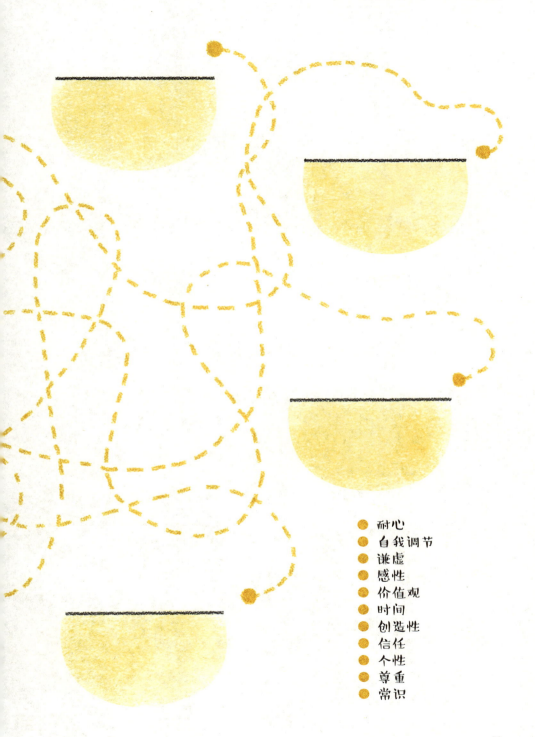

耐心
自我调节
谦虚
感性
价值观
时间
创造性
信任
个性
尊重
常识

第三站

被尊重的学习

　　前文说过，教育是父母与孩子互相付出与接受的过程，在这个过程中，双方互相学习；教育是父母与孩子的对话，在这段对话中，父母以开放、期待的态度解读子女发出的信号，双方共同成长；教育也是一场旅途，父母是孩子的同行者，他们谦逊地陪伴孩子完成对世界的探索。途中的一切皆有变数，父母的知识储备是灵感、思辨与行动的驱动力。

　　当身为家长的我们以如此视角理解教育，一种基于对话、思索、体验、行动、创造与批判的教育范式将被建立。我们不再是给孩子填充知识的工具人，而是孩子人生的合伙人，和孩子一起与周围的环境、文化、人互动。我们不再期待孩子事事都听我们的，而是改变自己的想法，避免影响孩子学习的积极性。教育将成为尊重个体需求、适应个体成长节奏、顺应自然规律的事。

　　假如上述设想得以实现，那么自童年开始，孩子便能自然而然地感受到知识的魅力与重要性。尚在襁褓中时，他们惊讶于母亲对他们的一个微笑，而后惊奇于自己双手的模样。他们反复地把东西扔到地上（并感到有趣）、观察蚂蚁行进、用树枝串树叶、在尚无数学概念的情况下把一包薯片等分成四份。

　　日常生活简单却奇妙，蕴藏着无数对话与学习的可能性。身为家长，我们只要支持、鼓励孩子，给他们充足的时间，让他们在日复一日的实践中将探索与发现转化为知识即可。

动力：惊奇与好奇心

伴随着生命的希望与成长的迫切，孩子来到人世间。他们与父母之间的骨肉亲情无须任何外力牵引。他们跟随自己的内心，探索自我与外部世界。出于对万事万物的好奇，孩子总是热衷于想象，想了解多姿多彩的现实世界。自尚在母亲腹中起，成长的力量便植根于每个孩子的内心。只要父母尊重与保护孩子，这股力量便能持续一生。

当父母提供时间和支持，当孩子保持旺盛的好奇心，一段始于感官的奇妙探索之旅由此开启。曾经的诸多未知在途中也将一一得到解答。孩子将带着开放、变通的人生态度，惊喜于世间的万千事物，全神贯注投身未知的探索精神也将因此得以激发。

一个两岁的孩子坐在公园的沙堆中，身旁有一个小桶。他手握一把铲子，铲子里有一颗石头。这个孩子知道铲子装得下石头，他正在思考如何把铲子中的那颗石头放进桶里。他移动手中的铲子，然而在倾斜的过程中，石头掉在了桶外面。他想再试一次，便捡起石头，又将其放到铲子里，然而这次还是失败了。他捡石头时，瞥见地上有一根木棒。他用另一只手捡起木棒，直接把它放进了桶里。随后，他把石头也捡起来，再一次放回铲子里。经过一次次尝试，他终于用铲子把石头放进了桶里。

为什么他不能像把木棒放到桶里一样，直接把石头放进去呢？

请思考，勾选与你的想法最相近的选项。

☐ 因为他没有发现共通之处。

☐ 因为他执意如此。

☐ 因为他想弄明白自己正在做什么，想完成自己设下的挑战。

> 发现与超越的渴望能够激励孩子前进。孩子需要各种挑战，以激发好奇心，启蒙心智，获得探索、决策、钻研与自我挑战的机会。正如上文所述，这些挑战应当是孩子们力所能及的。

日常生活本就包罗万象，蕴藏着足够的可能性，并不需要额外的物质条件，便足以促进孩子的心智与感受能力的发展。他们只需要一个真实可及、能够从容玩耍与生活的环境。生活中最普通的物品的形状、重量、触感、气味或空间位置，都能成为孩子认知现实生活的绝佳素材。同时，这些物品组合在一起，会给孩子带来更多启发。

与运动能力的发育过程相同，孩子的认知发育也是渐进性的，且会在经历多次挑战之后得到巩固。这是一个逐步积累的独特过程，孩子逐渐认识自我与周遭，慢慢发展各项能力，包括记忆能力、专注能力、语言能力、理解能力、联系能力、规划能力、分析与解决问题的能力等。这些能力弥足重要，它们的发展应当遵循由少至多、由易入难的逻辑。

身为家长，在这个过程中，我们应该如何做呢？以下有几条建议：

● 克制把所有东西都教给孩子的冲动。要知道，孩子有一生的时间去发现世界。

● 不要过度刺激。请衡量是否要用不必要的人为刺激来丰富孩子的生活，例如过于复杂的玩具、不适龄的游戏、电子产品，它们只会让孩子尚在发育的大脑产生困惑。随着年龄的增长，孩子会自然地对深奥的事产生兴趣。我们应当让孩子专注于自己的内心——这是最重要的事。

● 不要急着帮忙。请打消直接帮孩子做事的念头，这并不能真正地帮助他们，也不要过度保护孩子，让孩子免受挫折（孩子需要遭遇挫折）。要知道，孩子可以独立完成大部分事情，他们只是需要更多的时间而已。

我们无须事事帮助孩子，因为那些非创伤性的挫折恰恰能够帮助他们战胜自我，不断尝试，直至实现目标；更能让他们明白，世间万事都有其过程，需要时间耐心地实践。

挫折不可避免，孩子成长要具备抗挫力。孩子需要去发现、去感受、去经历挫折，在此过程中，他们的自我调节能力将得到发展。如果我们执意帮孩子做事，就是在剥夺他们感受与经历挫折的机会。此外，他们也无法从挫折中学到知识与经验，更无法提升自己的认知能力。然而，在未来的某些时刻，他们必须使用这些经验去解决挑战或难题。父母反复提供不必要的帮助，其实是在间接扼杀他们"上下求索"的意愿，是在削弱他们的好奇心、内驱力、内省力、思考力、理解力，是在将他们变成身心麻木、只能依赖外界感官刺激以及仰仗他人帮助的个体，他们也会因此失去反思和批判的能力。简言之，他们将逐渐失去孩子独立且自由的天性。

　　为了避免上述情况发生，父母应当提供一种有意识的、相互尊重的、平衡的、不匆忙的教育与陪伴。在自然的教育理念的指引与支撑下，父母根据个体独特的内驱力、兴趣点与潜能施教，不断挖掘孩子的探索能力、行动能力、创造能力与自主能力。长此以往，在父母始终如一的信任与陪伴下，在与外部世界的不断互动中，孩子将学到知识，思考所获，并逐步发育出稳定的情感内核。

　　正如美国海洋生物学家蕾切尔·卡逊所说的，孩子的成长离不开家长的陪伴，孩子需要与家长分享并一同发现生活中的新奇之事，满怀快乐与期待。陪伴者要懂得与孩子感同身受，共同体验探索与发现的快乐；要懂得倾听与提问，调动孩子的好奇心；要懂得创造安静的环境，让孩子尽情地思考；更要懂得在合适的时间点给出必要的答案。久而久之，就会形成一种亲近、真实且适宜的成长氛围。孩子身处其中，在经历与挑战中不断获益。

　　为了成为这样的父母，我们应当拨去乌云，重见生命的伟大与自然的壮丽。我们应当欣赏自我并发挥潜能，感受自己内心的丰富情绪。我们应当明白，童年的我塑造了今日的我，对孩子而言亦是如此。我们应当将孩子视为人生探险家，他们真实、感性且勇敢，善于发现生命中的细微之事与美好之处，不带偏见。我们应当学会以孩子的视角看待世界，以谦逊、赞叹、尊重与爱的方式对待孩子，因为他们值得，他们的发现与进步也值得。

从现在起，请怀抱这样的感性态度，与孩子一同前行。不必匆忙，要与孩子互相尊重。除此之外，我们还要努力提供以下内容：

● 联系：这是一种健康、稳固且可信的关系，是一种正向的情绪支持，能够让孩子积极向上，充满安全感与动力。

● 示范：是一种始终如一的模范作用，能够让孩子懂得并学会与外部世界互动。

● 时间：给孩子留出充足的时间，供他们思考与整合记忆，在相似的经历中总结经验，并进行预想，从而既理解已发生的事，又利用已知的事去推测未来的事。即使犯错、失败，也能够坚持尝试。

● 许可：是一种真诚且无条件的应允，让孩子能够自信地体验人生，感觉自己值得被信任。

倘若在培育植物的过程中，园丁能够悉数运用以上要素滋养土壤，种子将生机盎然，茁壮生长。同理，在现实中，孩子也将尽情地成长，大脑在发育过程中将不断回溯既往经历，促进智力发展。此刻，我想有必要提醒大家，人们习惯将基因视作决定人类成长的决定性因素，但是表观遗传学证明，长期暴露于某一特定环境将导致基因改变。神经科学也证实，这种环境会影响脑部发育。因此，基因并不是影响我们成长的唯一决定性因素，我们生存的环境同样至关重要。在这种环境中，我们会对子女产生或好或坏的影响。

现在，我想请你们思考以下问题：如果孩子是种子，你认为哪些养分正在滋养孩子植根的"土壤"呢？如果想让"土质"更佳，更能促进好奇心的发育，又需要补充哪些养分呢？

以下是滋养好奇心的重要养分。请用两种不同的颜色标记你的孩子在成长过程中已经拥有的养分和需要补充的养分。无论结果如何，都不必焦虑。这个活动的重点在于真诚地面对自我，探索正确的教育之路。

惊奇	好奇心	驱动力

克制	安静	陪伴	平衡
觉察	尊重	示范	闲暇
快乐	感性	联结	时间
观察	信任	支持	提问

许可	共情	执行

已经拥有	需要补充

想必你已经明白，哪些是孩子需要补充的养分。现在，请在第79页按照优先级顺序写下三个你认为最重要的养分。请思考为何需要它们以及如何获得它们，并将其分解为即日起便可进行的三个步骤。

举个例子，如果你选择的是"平衡"，那么需要的原因极有可能是你总是当孩子的"救世主"，做许多不必要的事。而三个步骤是：1.以周为单位，客观分析那些你与孩子共同完成的以及你替孩子完成的任务；2.思考哪些事情孩子可以在你的陪同下完成，其间你不再提供直接帮助（仅仅给予鼓励、信任或必要的讲解）；3.找寻一条能够克制帮助孩子的冲动的"心灵咒语"，例如"我相信孩子的能力"。

1

为什么孩子需要？
三个步骤：

1
_____
_____
_____
_____

2
_____
_____
_____
_____

3
_____
_____
_____
_____

2

为什么孩子需要？
三个步骤：

1
_____
_____
_____
_____

2
_____
_____
_____
_____

3
_____
_____
_____
_____

3

为什么孩子需要？
三个步骤：

1
_____
_____
_____
_____

2
_____
_____
_____
_____

3
_____
_____
_____
_____

请深呼吸。万事开头难，一步一步来就好。当你发现第一个步骤不再困难，再去实践后续步骤。这并非奇迹，只是时间、意愿与行动的整合。加油，你能行！

创造力和在错误中学习

　　人天生就有一定的创造力，它让我们投身于人生的种种经历并从中获益。而好奇心推动我们去发现与探索未知事物，直至我们理解并从中学到知识。在这个过程中，创造力将想法、经验、知识结合起来。于是，我们凭借创造力，借助周围的现实条件，不断思索，试图揭开谜底，找寻解决问题的方法。我们凭着一腔勇气，想出无数新奇、特别的假设与回答，创造力得以发展。

　　我们不应自我设限。创造力贯穿于人类生活，并非仅限于艺术表达方面。这是一种出于探索人生与探索未知之乐，在直觉与理智（即无意识和有意识）的指引下大胆、巧妙地解决日常问题的能力；这是一种指引人类演变、存在与成长的能力，尽管对于未来，我们无法知其全貌；这是一种人类与生俱来的能力，帮助我们适应瞬息万变的环境，正如我们当下生活的这个世界。

　　若用心观察，我们会发现孩子总是以奇思妙想对待日常生活中的挑战，热衷于向我们展示他们的发现，例如"看，这是我建的塔！""快看我在客厅里搭的房子！""看我的车（其实是一个箱子）！""看我找到的石头！"。按照成年人的思维，我们极有可能不由自主地回答："好吧，但顶上的两块要掉下来了。"也有可能回答"等会儿谁去收拾沙发呢？"或"纸箱和玩具中，你好像更喜欢纸箱"。当我们看到脏兮兮的石头把孩子的白色衣服弄脏，我们可能会着急地说："这件脏衣服谁洗？"成年人的注意力总放在别处，却忽略了那些充满创造力的时刻，例如为了建造高塔，孩子需要找到一把椅子，站到上面并踮起脚；孩子搭建的房子里充满了精巧构思；孩子想去月球旅行，于是将纸箱做成宇宙飞船；孩子将手里拿不下的石头用衣服包起来，开发了衣服的新用途。请允许我重提前文那个两岁孩子的例子，他不断尝试，调整铲子的角度、石头的位置与移动的速度，直到将石头顺利地放进桶里。

　　面对孩子的意气风发，我们感受到孩子学习的奇妙之处——想象力、智慧、信心、努力与恒心的融合。我们应当知晓，这些都基于：

● 真挚的欣赏：父母要学会停下来，欣赏孩子成长的足迹，了解孩子正在蓬勃发展的才能。

● 觉察的开端：让孩子以父母为模板，觉察自身的成长以及品德的发展。

● 给孩子赋能：让孩子以父母的鼓励和自身的想象力为依据，发现自己的能力，并因自身的进步而深感自豪。

● 支持与鼓励：维护孩子的自信心，并不断激励个体能力的发展。

● 纯粹的好奇：对孩子的进步与成就表示出兴趣，可以回顾过程或抛出问题，展示纯粹的好奇心、热情与欣赏。

下面让我们做一个关于自我调节的认知练习，将那些下意识的"风险和不完美分析"调整为鼓励孩子的"学习与创造分析"。

为此，下面列出前文中的例子，共同探讨如何让对话更加具有建设性。

孩子的话	下意识回答	鼓励式回答	理智想法
看，这是我建的塔！	好吧，但顶上的两块要掉下来了。	哇，你居然能把塔建得这么高！顶上的两块也没有掉下来，你怎么做到的？	完美主义是我的选择，并非孩子的。
快看我在客厅里搭的房子！	等会儿谁去收拾沙发呢？	一边是椅子，一边是沙发，中间的毯子是屋顶，你的设计也太巧妙了吧！而且毯子不会掉到地上，你怎么做到的？能允许我进去参观吗？	等会儿再收拾吧，有什么事情比孩子的自我展示更重要呢？
看我的车（其实是一个箱子）！	纸箱和玩具中，你好像更喜欢纸箱。	天啊，你居然用纸箱做出了一辆车！可以带我兜风吗？我可得系上安全带！	这就是纯粹的创造力。或许我们得思考孩子究竟需要什么样的玩具。
看我找到的石头！	这件脏衣服谁洗？	给我看看吧！哇，它们都不一样，太有意思了！你知道为什么吗？咦？你的衣服变黑了。该怎么处理呢？	曾几何时，我也做过类似的事情。孩子觉得石头重要，因此想尽办法不丢弃它们。至于脏衣服，稍后处理便是。

以上是面对孩子的好奇心时，父母的不同对待方式，以及我提供的思考方式。它们没有好坏之分，我们只需要记住，受到不同的对待时，孩子的体会截然不同。

当孩子面对不同的话语，他们会产生何种感受？请简要回答。

孩子的话	下意识回答——孩子的感受	鼓励式回答——孩子的感受
看，这是我建的塔！	我没有能力。泪丧。	我做到了！有动力。
快看我在客厅里搭的房子！		
看我的车（其实是一个箱子）！		
看我找到的石头！		

只要转变视角，便能给孩子带来无穷的能量，让孩子充分感受人生的意义。

在本章开端，我们曾探讨创造力和艺术与手工的联系。其实，对孩子而言，艺术表达是一种无意识的与内心交流的方式，也是一种了解他人与自己的通道。因此，我们应当自孩子幼年起，便为他们营造有益的

艺术氛围，让孩子能够安心、独立、自由地进行艺术表达。

> 我在提供家庭教育咨询时，经常举下面这个例子。
>
> 一个家长曾对我说："我两岁的女儿画画的时候总把铅笔芯弄断，还把线条画出纸外。"于是我问："你思考过你的女儿需要什么吗？"
>
> 多数父母并不清楚孩子所处的发育阶段与具体需求，因此在日常生活中，只能简单地察觉到孩子需要通过画画来表现自我，却并未发现画画的工具其实并不适合孩子——所以他们才会把铅笔芯弄断，以及作画的空间不够开阔——所以他们才会把线条画出纸外。
>
> 问题也许在于孩子所处的环境，而非孩子本身。父母应改善环境，以满足孩子的自我表达与交际需求，例如将孩子画画的铅笔换成蜡笔（规格大小不一，更方便低龄孩子抓握），既能轻松地作画，又不易损毁。还可以换更大的纸或改变纸张的摆放方向，例如放在地上、挂在墙上，给孩子更大的作画空间。同时，在陪伴中让孩子明白空间的使用规则，理解家长维持环境卫生的需要。这样一来，孩子、家长与环境这三者便达到了一种和谐的状态。

除却关注艺术层面的氛围，父母还要学会摒弃苛责、评判与完美主义。孩子需要开明的父母为其提供陪伴、期待与赞同，从而探索自我、超越自我、认识自我，换句话说，就是用艺术表达言语不能传达的内容。当孩子给我们一幅画，我们会下意识地解读孩子的想法。别着急，记得先进行下面这两个步骤：

🔵 描述看到的内容："今天你似乎更喜欢蓝色呀，满眼都是蓝色。"

🟡 充满兴趣地提出问题："你能给我讲讲画里的细节吗？我好想知道。"

沟通之门由此打开，孩子解释画作内容，父母也借此了解真实信息，避免想当然。假如妄加揣测，父母极有可能影响孩子的艺术思维，或强调本不重要的事物，毕竟孩子画的事物并不等同于我们眼中的事物。

読到这里，想必你的脑海中浮现出无数类似的场景，你一定想做出改变。让它们浮现吧！请永远记得，行为是可以改变的，你的行为也一样。请停留片刻，思索并写下你的感受。请相信，这是在释放自己。

如何保护孩子的创造力和好奇心

孩子的创造力与好奇心需要家长的认真对待。一方面，家长应当明白语言包含的教育和认知价值——促进孩子不断地从自我、世界中利用旧知识进行学习，领悟新知识。另一方面，如果希望孩子保持这种学习与求知的动力，还需要提供特定的条件。虽然我在前文中提及了大多数要素，但为了提高重视，下面进行简要的列举与分析：

- 安静的环境。
- 少而精的物品与专注力。
- 陪伴、尊重与信任。
- 启发式提问。
- 自由与自发地玩耍。
- 在错误中学习。

启发性空间
环境对孩子的情感、大脑和认知发育具有塑造与教化功能。应当营造有安全感、秩序感和亲密感的环境，给予孩子愉悦和平静的感受；应当鼓励孩子追求自由与自主，让孩子和环境达成和谐互动；应当滋养孩子的好奇心与智慧，引导孩子将注意力聚焦于兴趣，从而发挥自己的潜能并乐在其中。

● 更少噪音，更高注意力。提供少而精的玩具与物品，培养注意力，唤醒创造力。

● 更多美感，更多幸福感。注意环境中物品的色彩、材质与排列方式，给予更多情绪上的幸福感和心理上的安全感，引导孩子倾听自己。

● 更多独立，更多自由。孩子越能独立完成事情，越能感受到自由的力量与尝试的渴望，这也将唤醒孩子更具创造力的一面。

少而精的物质和体验

不应在家中添置稀奇古怪的物品，这并不会提供有益经验，只会让感官刺激过度饱和。应当保护孩子的好奇心，让孩子融入环境，享受简单、适宜的成长瞬间，安心且自由地长大（适度设限），从而成为自己人生的主人。

身为家长，我们应当学会重视孩子的兴趣、智力与技能的发展；我们还应懂得走出家门，让孩子在不同的生长环境中感受生活的意义，例如博物馆、音乐会、公园等。这种体验浸润着孩子的求知之心，让他们逐渐懂得建立知识之间的关联，发现自身的才能。

● 少而精。建议提供质感优良与可玩性强的物品或玩具。这样可以让孩子变着花样玩。允许孩子随着年龄增长进行不同的游戏。

● "少"即"多"。身边的玩具越少，孩子越能转动头脑，发挥创造力与想象力，赋予物品需要的含义。应当遵循适量原则，否则玩具的吸引力会减弱，而堆积如山的玩具会破坏空间的秩序感，影响孩子的想象力。

● 由少至多。即根据孩子的成长节奏安排不同的活动，循序渐进。感官刺激应当适度，否则孩子不仅无法获益，甚至可能面临成长节奏失衡的风险。

陪伴、尊重与信任

为了避免孩子的好奇心消失，家长要学会与孩子分享生活。只有这样，孩子才能真正融会贯通，享受生活。家长要陪伴孩子，敞开心扉，尽量放慢脚步。家长要尊重孩子的成长，赞赏孩子的努力，更要鼓励孩子的好奇心与研究精神，不论是以打破砂锅问到底的方式，还是以有意识保持沉默的方式。通过陪伴，我们向孩子传达"你能行""你可以做到""我相信你"，这恰恰能够增强孩子的自尊心，让孩子充满自信，坚持不懈地进行尝试。

● 更多陪伴，更多了解，更多联结。我们在孩子的世界中参与感越强，便越能了解孩子的内心与能力，也更能（与孩子共同）建立稳固且能觉察到的联结。而这种联结恰恰构成了孩子自信与自尊的基础。

● 少说多听。当我们给孩子更多空间表达与解释，我们便能更了解他们。因此，我们要学会克制自己总想发言的欲望，多倾听孩子的声音。

● 更多心与心的交流。当我们更多地与孩子进行心与心的交流，便更能提供健康的情感支撑，摒弃标签化的偏见，真心赞赏孩子的进步，看清孩子的个性，促进孩子全面发展。

启发式提问

在一个充满安全感的环境中，启发式提问有利于培养孩子最重要的一个能力——思维能力。当我们陪伴孩子去质疑、去思考、去避免想当然时，我们正是在培养孩子的批判性与创造性思维。一方面，孩子在接受与理解知识，直至将其吸收；另一方面，孩子将逐渐构建自己的思维逻辑。

● 你觉得如何？面对孩子的问题，我们应当时刻记得这样询问他们。这样一来，他们才能真正思考自己的想法，明确自己提出的观点，梳理自己的思路，有条理地阐述，以便更好地被理解。与此同时，家长才能更好地评估孩子的知识水平与具体需求，从而确认他们真正想学习的内容是什么，避免提供不必要的知识或孩子根本不感兴趣的内容。

● 给出简要回答。当孩子回答上述问题后疑惑尚存，并想让家长答疑解惑时，我们可以给出具体但简单的回答，并且适当地引导孩子扩展信息源，例如询问家人、在书中查找等。

自由与自发式玩耍

玩耍是孩子接触世界，并从中找到乐趣的方法。在前文中，我们探讨过运动、玩耍与娱乐的串联作用。在后面的内容中，我们还会单独探讨玩耍这个主题。此刻我姑且只提出一个观点：玩耍是孩子学习的手段。

● 更多玩耍，更多学习。孩子在玩耍中获得愉悦感，而愉悦感将促进孩子完成有意义的学习。

● "随孩子去。"这是意大利幼儿教育家、医生与女权主义者玛丽亚·蒙台梭利提出的观点。孩子是聪慧的，他们明白自己需要什么。而在玩耍时，孩子的需求便是自由、尽情地玩耍。

在错误中学习

"吃一堑，长一智"，错误可以为培养孩子的创造力、促进孩子的学习提供机会。在人生中的各个阶段，我们都应学会与错误和解——也许是一句不合时宜的话、一个不得体的行为、一个乌龙球、一个拼错的单词、一个因手打滑而摔碎的杯子、一条穿反了的裤子、一张并不理想的画作……在人的一生中，错误无处不在，它们可以成为学习的契机。假如我们抱着这样的想法，万事万物将拥有新的可能性。我们会更加积极地看待事物，一切将充满希望。

自出生那天起，我们便面对着一个未知的世界，它等待着我们成长。通过与世界的互动，我们发现，当我们想理解某样事物时，需要一次次不懈的尝试，直到找到所谓的"真理"。出于天性，人类习惯以勇敢、无畏和好奇心面对世界，不断调整预期、反省自己。

> 在孩子眼中，错误意味着失败，意味着需要寻求其他解决的方法，仅此而已。孩子将错误视作理所当然的事，面对错误时不会产生过激情绪，也能处理得当。他们在寻找解决错误的方法时信心十足，专心致志，不断地提高自己的认知能力。而孩子能够如此表现，正是因为他们不会由于犯错受到指责或被贴上标签。

当家长向孩子投去质疑的目光，总是对错误妄加评判时，孩子对错误的负面认识便会逐渐形成。这种评判有时以语言的形式表现（例如"不能这样""这样不好""你放错位置了""你怎么这么笨啊"），有时以其他方式呈现（肢体语言也是一种表达方式，尤其是表情。无须说话，孩子就能看出家长的态度）。

久而久之，为了适应家长的苛求与期望，孩子对待错误的态度将发生转变，甚至产生对自己能力、想法的不自信。更糟糕的是，他们的好奇心、探索发现之心、因纯粹的求知之乐而想解决问题的心与自我超越之心都有可能不复存在。他们将放弃尝试，因为他们担心不能做好，害怕自己不能胜任（不能符合家长的预期），对自己的无能感到恐惧。他们将进退两难。孩子并非故意改变，而是出于爱（或害怕）。他们不想因为犯错而让家长失望。于是，他们迎合标准，逐渐与自己的内心渐行渐远。

倘若我们了解孩子的天然认识，即错误是学习的一部分，事情将发生什么样的变化呢？并非我们无力改变我们认为的错误之事，而是我们需要让孩子明白，错误能够被谅解，它并不伤害任何人。错误是学习的组成部分，只要从中学到经验，避免日后再犯同样的错即可。可以通过下面的例子更好地了解这个问题。

孩子的行为	下意识的反应	鼓励式反应	理智想法
孩子哭闹时，对你说："笨蛋！"	"你居然骂我？我不会惯着你的！"	"你生气了，我能为你做点儿什么？"	理解并照顾孩子的情绪，把它当作孩子的需求。
散步时，孩子突然弯腰，然后给你看一样东西："妈妈快看，棒棒糖！"	"那是脏东西！别随便捡地上的东西，脏死了！"	"地上捡的东西不属于我们，我们应该把它放到哪里呢？"	孩子能从中学到什么？
球赛结束后，孩子沮丧地说："我踢了个乌龙球。"	"太蠢了吧，你输了比赛！"	"我看到了，你还好吗？"	通过谈心安抚孩子的情绪，寻求解决方法，让孩子重新建立与内心的联系。
孩子给你一张纸条，上面的"森林"写成了"林林"。	你拿起红笔，做出明显的修改。	"'木'多了才能成'林'哟！"	让孩子明白错误的具体内容，并让他们做出思考与选择。
你听到盘子摔碎的声音，转过身，看到孩子站在那里，脚边满是盘子的碎片。	"你怎么能这么不小心？把盘子摔碎了，笨手笨脚的！"	"你还好吗？小心被划伤。需要我帮忙清理吗？"	所有人都会犯错，应当关注最重要的事情。

通过以上示例，想必你能体会到，面对家长不同的反应，孩子的心情将大不相同。请你想一想，当你犯错时，你的关注点在哪里，你又是如何与他人沟通的。这些都将帮助你理解孩子的感受。因此，请你真诚地回答下列问题。

　　当你犯错时，你的心态是怎么样的？你觉得所有事都搞砸了还是自己只犯了个小错？

_____

_____

　　当你意识到自己犯错了，你会和自己说什么？你会如何面对？

_____

_____

　　你会如何解决错误？

_____

_____

　　你会向他人倾诉还是保持沉默？为什么？

_____

_____

你处理错误的方式将潜移默化地影响你的孩子。因此，下一次你犯错时，请你分析自己的感受、思考与行为，并与家人分享体会，互相探讨。

当我们能够减轻错误带来的负面情绪压力，积极思考解决方法时，我们便不再畏惧错误。我们应当学会从错误中解脱，走出舒适区域，勇敢地寻找问题的多种解法，无所畏惧地感受人生。

下面为你准备了一个新的练习。它将激发你的活力，让你摆脱束缚。看到接下来的空白页面了吗？它属于你！

你从来不会在教育类图书的空白页写字吗？

去做吧！那两页属于你。

请谈谈你对有关错误的认知被颠覆的感想，

在空白页随意书写。

你会感受到，当你用不同的眼光看待那些

你曾经难以原谅的错误时，

你有多么自由。

去做吧！ →

假如尚余空白，请谈谈此刻你有关错误的认知被颠覆的感想。

多感官式学习和多元智能

孩子是学习过程的主角。作为独立的个体，他们通过吸收、消化与理解获取的信息，以观察、触摸、倾听、嗅闻、品尝等方式构建自我。这是一种不可让渡的独一无二的意识构建，是成长的重要过程。根据神经学专家对大脑可塑性的研究，个体在当下的存在与所知并不固定，个体与内部世界和外部世界不断互动，并因此不断地重组。内部世界与外部世界的交汇点是人的视觉、听觉、嗅觉、触觉以及与人、事互动时产生的感觉（本体感觉）。这些感觉好比一扇扇敞开的窗户，通过这些窗户，个体吸收外部世界的信息，逐渐建立内部世界。

而在这些外部世界的信息被消化、理解之前，会与人体产生联系，打下情绪烙印。这种烙印让个体明确自己对于上述信息的情绪反应：好的、坏的、危险的、令人愉悦的、令人不快的、令人痛苦的、令人惊讶的等。这种感知会有意无意地留在记忆中，与大脑中的其他区域共同作用，创造出意义、观念、思想，而这些又会和学习产生奇妙的交融。总之，正如西班牙神经科学家、医生弗朗西斯科·莫拉·特鲁埃尔所说的，没有情绪的产生，便没有学习的发生。

在前文中，我们曾经谈到，一方面，身为家长，我们应当关注孩子的基本需求，例如安全需求与社交需求；另一方面，我们也要保护那些促进孩子探索与发现的情感，例如好奇心。这是两种重要且基本的正向情绪，能够创造适宜的环境，从而增强个体学习与记忆的意愿，毕竟这是人生中最值得坚持的事情，还能滋养孩子植根的"土壤"，孩子将因此终身受益。

总而言之，个体所处的环境以及与之相关的情感和感受，将通过个体的感知积极或消极地留存于个体的记忆中。

感觉是连接个体与外部世界的通道。孩子通过他们那无比强烈的感觉去了解与辨别周遭现实的细枝末节，例如感受事物的形状、颜色、质地、重量、气味等。

另一方面，感觉是向内部世界传递外界信息的窗口，孩子由此与环境轻松地建立联系，并做出改变。这是什么意思呢？孩子，或者说任一个体，在学习的过程中不只调用一种感觉。举个例子，想想我们小时候在课堂上坐着听老师讲课的场景：我们的眼睛与耳朵接收信息，除了视觉、听觉，其他感觉也在发挥作用，包括前文提到的本体感觉。更进一步地说，所有个体都倾向于用多种感觉去感受世界。这也解释了为什么有些人需要借助视觉去更好地吸收知识，而有些人需要触摸与移动事物，另一些人则需要借助听觉。事实上，感觉的组合多种多样。有意思的是，不论是在学校里还是在家中，虽然学习时需要使用多种感觉，但孩子往往只有使用视觉和听觉的机会。当然，我们小时候也是如此。假如我们的感觉中起主导作用的恰好是视觉与听觉，那自然是完美的。但假如我们是擅长触摸、移动、嗅闻的那类人，那我们学习的综合效果将大打折扣。

孩子需要全身心投入当下，才能理解世界。因此，身为家长的我们需要放手，让孩子独立且自由地探索世界。我们给他们真实且丰富的空间，让他们体验感觉的多种多样，明白他们可以用自己喜欢的方式学习，他们才是学习的真正主角。

乍一听来，或许有些复杂，其实这是一件极其简单且有逻辑的事。例如，温柔地给孩子一个苹果，让他们触摸、嗅闻、抓挠、啃咬、品尝、掂量、切开、分享，或任由他们处置。于是，一个充满无数可能性的现实世界等待孩子去体验。而家长则化身导游，挖掘日常生活中的奇妙之处，引导孩子探索。再比如说，和孩子一起驻足于一个水果摊，那里有好多种苹果（如果我们每种买一个，会发生什么事呢？）；和孩子一起在田野上散步，发现路上有一个苹果，研究苹果的各个部分并找到种子（苹果长在树上吗？它的种子在哪里？）；准备一道用苹果制作的美食；给孩子讲一个关于苹果的故事。也就是说，调动所有的感觉去感受苹果，发现并挖掘苹果的各种特征，这些都会帮助孩子获取信息，并找到最适合他们获取信息的感官通道。

这样一来，我们便找到了问题所在：每个人吸收信息和学习的方式各不相同。当家长为孩子提供在现实世界中进行多感官式学习的机会时，孩子会如同不受束缚的鸟儿，不断发现自己的潜能与才华，实现全面发展。

孩子的智力也是多元化的。科学证明，人类同时拥有至少8种智能，它们彼此独立，对于人类的学习、发展与生活都至关重要。根据美国教育心理学家霍华德·加德纳提出的有关多元智能的理论，这8种智能在每个人身上都有体现，但是其组合方式是独一无二的，每种智能的表现也各不相同。

加德纳提出的8种智能分别是：

● 言语—语言智能：即听、说、读、写的能力。自幼年起，孩子便将沟通当作与外界互动的表达方式。无论是对话、叙述、讲故事，他们都乐于发现其中的细节与趣味。

● 逻辑—数理智能：即与数字、推理与抽象概念有关的能力。在接近世界、观察世界、与外界互动的过程中，孩子享受到探索之乐。他们似乎在运用一套科学模型——推论、假设、验证。除此之外，孩子还热衷于列举、分类、解题等。

● 视觉—空间智能：即感受、辨别、记忆和改变物体的空间关系并借此表达思想和感情，展开空间想象的能力。与成年人一样，孩子也能在脑海中再创、改造或复现真实世界的场景。他们喜欢作画、构图、看图、发现不同的材质与颜色。

● 身体—动觉智能：即调动部分或全部身体部位表达、实现、创造或解决问题的能力。通过运用身体部位或触觉，例如跑、跳、触碰，孩子完成对世界的体验与理解。

● 音乐—节奏智能：即感知不同音乐节奏、音调和音色的能力。孩子对声音及细节有特殊的敏感度，他们喜欢感受音乐的节奏，跟随节拍摇摆身体、唱歌、感知物体的声音。

● 交往—交流智能：即与他人共情和换位思考的能力。孩子拥有感知他人情绪和身体变化的能力，这种能力能够引导他们与他人建立和谐的关系。另外，他们享受社交关系与合作，乐于帮助或引导他人。

● 自知—自省智能：即认识与感受自我的能力。孩子通过自己的行为、反应与感情认识自我、承认自我，最终能够控制自我。他们享受内心世界、享受时光、享受幻想、获得自信。

● 自然观察智能：即理解自然的能力以及探索自然的渴望。孩子总是被花草鱼鸟吸引，对于自然和人类世界，他们喜欢观察、感受、对感觉进行分类。

上述智能都是必需的。它们互相联系，或多或少地互相作用，共同构成个体独一无二的思维世界。它们潜藏于人体，期待被激活，而这取决于孩子所处的物理空间、精神空间和社会文化空间，以及家长为其提供的发现自我潜能的各种机会。明确上述智能间的相互作用，能够帮助我们更好地陪伴孩子学习，让他们发挥才能，激发他们隐藏的智能，从而促进个体全面发展。但是，请注意，切勿过度刺激孩子，或让孩子感觉不舒服。

曾经有位忧心忡忡的母亲找到我，说她六岁的女儿总是喜欢待在学校的花园里，寻找、观察与触摸各种植物和昆虫，几乎不与同伴交流。母亲与老师都怀疑她是否掌握了课业知识。显然，这个孩子拥有明显的自然观察智能与自知—自省智能，也拥有突出的触觉与视觉。因此，我对这位母亲提出建议：要想挖掘孩子其他方面的智能，首先要利用好孩子已有的优势智能。可以准备一个本子，供孩子画出遇见的昆虫、贴上共同拍摄的照片、写下给昆虫取的名字、记下昆虫出现时吟唱的歌曲，或增添诸如颜色、形状、触角数量之类的细节。当一个个笔记本被孩子的发现填满，可以在家里举办一个小型展览，或者让孩子把本子带去学校，给伙伴讲每只昆虫的故事。

这便是观察孩子的动力所在、兴趣所在与能力所在。在我看来，这是梳理思路的过程。你将惊奇地发现，当你看到孩子的优势智能，为其创造有利环境、提供发展机遇时，孩子将达到内外和谐。多感官式的学习将成为孩子连接自己与外部世界的通道，同时将留下多元的情绪标记，推动孩子对自己的能力与才华产生信心，相信一切皆有可能。孩子会相信，学习是有意义的事，而他们是学习的主人，他们有能力进步、转变并成为真正的自己。在此过程中，孩子会发现自己的"天赋"（英国教育学家肯·罗宾逊提出的概念）。"天赋"空间里汇集着让孩子充满欢欣、力量、快乐与激情的事，自然而不刻意。在那里，孩子感到真实、完整与自由。

的确，并不是所有的学校或老师都是这种学习理念的支持者，但请别忘了，家长才是教育的主导者，对孩子的心智发展意义重大。我们无法改变主流教育模式，但我们可以做孩子理想教育与求知之路的引路人。这没有借口可言。我们应当深信，家长才是教育的主角。因此，我们应当营造一个丰富、生动且乐于分享的环境，结合前文提及的教育要素，陪伴孩子认识自我、认识自身与所处生活环境的关系、认识自己拥有的改变性力量。

我还想补充一点。只要我们学会与孩子共情，学会用孩子的语言沟通，上述目标可以轻松实现。最好的方法便是与孩子一起玩耍。玩耍是孩子学习的绝佳手段，在游戏与玩耍中，孩子与世界逐渐建立联系。在他们探索世界的过程中，无数积极的足以影响一生的情感随之觉醒。

我相信，此刻的你正在思考：哪些是你的孩子身上的优势智能？哪些是你身上的？请你回答下列问题，后文将提供更清晰的指引。

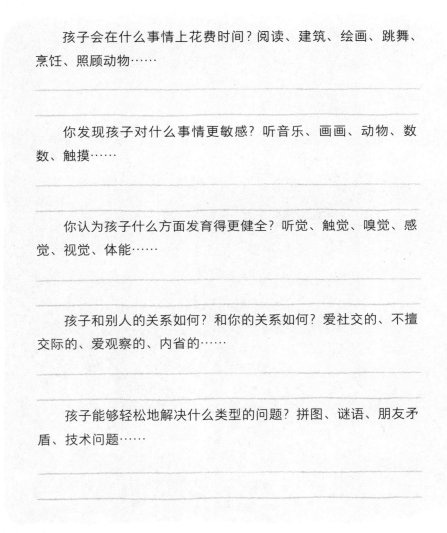

孩子会在什么事情上花费时间？阅读、建筑、绘画、跳舞、烹饪、照顾动物……

你发现孩子对什么事情更敏感？听音乐、画画、动物、数数、触摸……

你认为孩子什么方面发育得更健全？听觉、触觉、嗅觉、感觉、视觉、体能……

孩子和别人的关系如何？和你的关系如何？爱社交的、不擅交际的、爱观察的、内省的……

孩子能够轻松地解决什么类型的问题？拼图、谜语、朋友矛盾、技术问题……

以上并非教科书或心理测试中的题目，只是我在日常生活中观察自己与他人的角度。它们能够引导我们探索与了解孩子，寻得与他们建立亲密关系和打开心扉的钥匙，让他们能够与现实建立愉悦的联系。也许你已经发现孩子身上表现突出的素质与能力，不必纠结，你只需要敞开心扉，记得观察教育之路上的细节即可。

第四站

在联系中成长

其实，上述所有内容的基础便是"联系"。作为社会性动物，我们的孕育、出生与成长无不与他人相连，我们在同一环境中存在。在生命伊始，娇弱的、尚未成熟的我们需要身边的人的特别照料，以满足我们的基本生存需求。

母亲怀孕时，胎儿在母亲温暖的子宫中被保护着。出生后，婴儿仍需要身边人的细心照料。这种需求将延续至整个童年与少年时期。在这些人生阶段，尤其是生命初期，个体与他人、与环境的联系至关重要，这为生理、心理的发育奠定基础。

在人生初期，这种联系不仅能保证基本生存，还能帮助个体：

- 成长发育与自我认知。
- 学会与他人建立联系。
- 在所处社会文化环境中找到归属感。
- 在所处自然环境中找到归属感。

阅读此书的你们，无论是家长，还是教育者，都希望孩子能够不匆忙地成长，也希望能与孩子的生命建立积极、快乐且平衡的联系。这种联系应当是一种长期的健康、安全且可信的关系。

有一种情感围绕着上述联系的发展与建构，下面就一起看看。先用铅笔连接下面的数字。

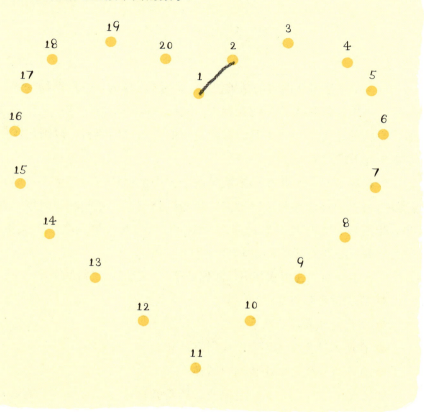

是的，爱让我们在情感、心理和生理层面与他人同频共振；爱让我们感觉到安全、被支持与被安慰；爱让我们身心幸福，让我们有力气去经历、体验与探索人生。这种父母给予孩子的爱，将逐渐构建两者间的依恋关系。

在建立联系的过程中，我们需要不断地了解与观察这种联系，确保它与我们的初衷一致，确保它是孩子真正需要的联系。因此，接下来我们将逐一了解如何与自我建立联系，如何与孩子建立联系，如何与自己的情绪建立联系，如何与游戏建立联系，以及如何与自然建立联系。

在和自我建立的联系中成长

读了几个章节，做了不少练习后，想必你对自己的过去与现在有了更深的了解，也看清楚了自己如何播撒种子、以何种方式培养种子。或许你已经注意到，那些我们学到的经验，无论是认知上的、情感上的，还是社会层面上的，都归因于我们童年的经历，以及我们感受到的各种联系。在一定程度上，联系让我们成为现在的自己。因此，我想引用脑科学家丹尼尔·西格尔与蒂娜·佩恩·布赖森的话——历史并不决定命运。我们虽然已成年，但我们的大脑仍旧是灵活可塑的，思维与行为同理。没有任何东西是固定与静止的。因此，无论我们来自哪里，有什么样的经历（虽然经历将伴随我们一生），都不意味着我们的感受、行动，以及当下与未来的教育方式将受限于此或难以改变。

就让我们与自己的本质重新建立联系吧。它会引领我们不忘来时路，铭记自己是谁，更会让我们找回真正的自我，重新体会"心流"（匈牙利籍心理学家米哈里·契克森米哈赖提出的概念，指人们专注地进行某个行为时表现出的心理状态）。"心流"曾让童年时期的我们活力满满，感受到生命的诸多可能性。与自我建立联系，意味着如我们所想的那样——照顾自己的身体，关注自我的需求，活出有意义的人生。

> **这听起来无比诗意，不是吗？但实施起来并非易事，对吗？**

我仍在寻找自我的道路上不断前行。此时此刻，我回望来时路，顿觉一切都是值得的，因为我正在向理想中的亲子关系迈进。我想和你们分享三个步骤，它们曾经帮助我与自我建立更紧密的联系，帮助我看清自己过往的局限之处，帮助我在情绪崩溃时恢复平静，重新找回内心的宁静与秩序感。这三个步骤分别是：

1. **理解自己。**
2. **接受自己。**
3. **与自己重新建立联系。**

请允许我多花些笔墨进行补充说明。

理解自己

即知道自己是谁，自己是如何成为自己的；知道自己的强项与弱点，明白自己在思考什么，应该如何控制自己的思想，自己的情绪如何被触发；知道如何建立联系，乐于与外界建立联系等。这是认识自己的内心世界，从而更好地认识自己的行为、言语与反应。总而言之，理解自己是"我思、我感、我说和我做"，即明白我与自我的一致性。

大多数父母都有情绪不佳的时候，这再正常不过。压力过大的时候，下意识的反应与固有的相处模式往往会复现，导致我们失去控制，情绪崩溃，而后内疚感与后悔伴随低自尊感不断袭来。

● 那些下意识的反应有：

你是笨蛋吗？

你让我无语。

要不是你那么慢……

都怪你，我们来晚了。

● 那些毫无意义的强加在自己身上的负疚感有：

> 我怎么能那样羞辱孩子？

> 我让孩子停止吵闹，自己却大吵大闹，还把孩子吓得瑟瑟发抖。

> 我是个失败的母亲！

是的，我们并不喜欢这些反应与情绪。然而它们爆发后如同投出的标枪，直接刺向我们的孩子，然后裹挟着后悔、内疚、挫败、纠结与忧伤刺向我们自己。一般说来，引发上述反应与情绪的重要原因为：

● 自我价值的破碎。

● 边界感的缺失。

● 存在过去或当下未被满足的需求。还记得我们在第一站探讨过的那些童年时期的需求吗？其实它们同样适用于成年人——每一个失控的行为都反映出一个未被满足的需求。而积极的情绪来源于需求的满足。

那些话语包含的积极意义：

● 它们只表明我们过去的经历和具体的行为，并不代表我们和孩子的本质。

● 它们反映出那些未被倾听与关照的需求，反映出我们与自我及他人联系的缺失。

● 它们说明我们还没有找到能让双方都感觉舒适的足以应对局面的有效方法。

也就是说，如果我们有所察觉，这些负面反应与情绪都能够被解决或转化，只要我们提高认识、有所行动且坚持不懈。

要知道，我们并非我们，而是经历的集合。与自我失去联系，忽视自身需求，或缺少科学方法，这些都不足以成为开脱的理由。但我们可以借此契机去唤醒自己的无意识，了解更深层次的自己。正如马歇尔·卢森堡所说的："别人的行为可能会刺激我们，但并不是我们感受的根源。因此，能够清楚地区分何为刺激、何为根源非常重要。"

当我们注意到那些下意识的反应，便是迈出了认识自我的第一步。这为我们在紧张时刻留出了喘息之机，尽管短暂，但能让我们自我觉察，认真思索，避免失控，并寻找更具创造性、同理心与教育性的解决方案。另外，也让我们能够在行动、表达及与自我对话的过程中，保持与理想中的教育之路的一致且不失联。如果失联了，请别担心，因为只要我们心怀谦虚、感性与爱，联系将很快被修复。一切问题都能被解决。

在这个喘息的时机，我们能够与刺激及其根源短暂分离，辨别自身与他人的感受与需要，避免诸多毫不有利于增进感情的行为，诸如贴标签、惩罚和吼叫等。

接受自己

即在具体的现实环境中，以勇敢、热爱与负责的态度对待事物，接受自己此刻的模样。因此，我们应该集中精力，管理与转换情绪，关注自己的实际需求，追求完整的自我，与他人建立必要的亲密关系。

我们要学会与当下的自己共情，与内心建立联系，寻找学习与成长的可能性。当我们以这样的心态看待人生，我们将从原先充满偏见、带着负面标签的思想中解脱出来，了解自己的感受与那些未被满足的潜在需求，以一种更友善、尊重与共情的方式对待自己、与自己对话。

与自己重新建立联系

在"与自己重新建立联系"这一层面，我们更能看到完整的自我，创造出新的可能性以建立理想中的与自我和孩子的联系，也更能走上理想的教育之路。我们知道自己从哪里来、当下的自己是谁，以及我们将要去往哪里。我们不会被情绪左右，因而滋生愧疚感与挫败感，亦不会抱着令人窒息的期待过活，做出使人不适的行为。我们所想、所感、所说的与所做的是一致且互相联系的。这基于一种理智、平静且稳定的状态，能够让我们的头脑既保持清醒又不失创造性，即便面对复杂情况也能明辨是非。

当我们达到上述状态，便可以继续前进，寻找自我的本质。其实，自我的本质就在属于我们的那颗"种子"中。当我们与自己、与孩子重新建立联系，我们便能重新遇见它，它是"意识觉醒"赐予我们的礼物。我们能够改变现状，只要我们愿意接纳、充满热情、意志坚定。当然，我们更要付诸行动，毕竟只有行动起来才能改变。

这是一条为人父母者必经的伟大的改变之路，更准确地说，是一条转化之路。虽然我们的内心总是自觉或不自觉地避免改变，我们习惯与自己和孩子形成对峙，但我们也可以选择接受改变，将其视作与自己建立联系、变成子女需要的父母以及更好的自己的机遇。

请将你的名字写在下面的横线上，然后在下面的两个选项中做出选择。这是你对自己许下的承诺。

我是 _____

☐ 避免改变　　　☐ 改变自我

你已经许下了承诺！的确，面对一个如此重要且严肃的话题，只是打勾画圈难免有些仓促，甚至有些草率。但请明白，这是让我们能够痛下决心的一步，让我们快速明白自己想要什么、自己来自何方以及想去哪里。这都是为了给孩子提供不匆忙的陪伴，尊重他们的成长与需求。请明白，许下承诺非常重要，你有权做出选择。假如你选择"避免改变"，我建议你合上此书，以后再看，例如你认为改变自我的时机已到的时候。假如你选择"改变自我"，你将采取更坚定的行动，成为你想成为的自己。

当然，改变不会一蹴而就。我们会和孩子共同成长、进步，有时飞快，有时迟缓，但有时也会倒退。如果我们始终铭记初心，那么每一步都意味着前进，尽管当下看起来并非如此。所以，无论身处何方，都请为自己喝彩，因为我们的目标十分清晰——改变自我。一切都只是时间问题，我们的旅途已经开始。

另外，请为我们的不完美喝彩。我们生来便是不完美的存在，孩子本就不需要完美无瑕的父母，我们只要保持真实，提供陪伴便好。因此，请卸下自己的重担，更要为了孩子卸下心理与情绪的包袱，让他们无须满足父母的完美标准。让我们将自己与孩子的错误视作学习的机会，不畏失败，与孩子一同在摒弃偏见的氛围中成长、进步，坚信我们将因此变得更强大。

当我们脱离自己强加的完美主义与期待，放下未能成为理想父母的挫败感与内疚感时，一切都会变得轻松——掌控欲会减弱，负面情绪会转化成积极的正能量，并传递给他人。虽然过程可能会磕磕绊绊的，但我们最终能享受到人生的美妙滋味。

当我们的步履变得轻快，我们会更加相信自己，感觉自己有能力按照理想的方式陪伴子女与陪伴自己，我们将在过往经历重演之际迅速进行自我调节，不断地自我反思、接纳自己。我们将勇于承担，在与自己断联时迅速地重新建立联系。

当我们置身改变之路，我们会惊喜于当下的每时每刻，目睹孩子变得更有能力、更完整，并因此而雀跃。我们将明白孩子理应得到无条件与无束缚的爱，并因父母与孩子间的真诚之爱而付出。不过，在付出的过程中，我们千万不要遗忘自己，要学会设立必要的边界，确保有爱自己的空间，从而逐渐在自己与家人之间找到平衡。

现在，我想给各位读者提一个问题：真正且无所不能的联系以什么为起点呢？

我想让你们以一种特别的方式找到答案。

请注意，就让本书保持现在翻开的状态，用两只手分别捏住书的两侧，然后松开左手，让书页从指间掠过。随着书页的翻动，你便会找到答案。请试一试吧！最后，请把你想到的答案填入下方的横线中。

真正且无所不能的联系

　　　　　　　　　　　　　　　　　　　　　　　　　　　！

_____

我们如何与自己建立良好的联系呢？

我们需要付出诸多努力认识自己与接纳自己，这一点毫无疑问。同样地，也需要从小处入手，创造与自己重逢的空间，找到与自己相处的乐趣。为了激发大家的灵感，我在此处分享几条建议：

● 散步。去漫无目的地散步吧。请徜徉于大自然中，公园、田野、海滩等都是不错的选择。

● 写作。每天早晨花几分钟将想到的事写下来。也许起初我们找不到意义，但久而久之，有趣的事情就会出现，这将帮助我们更好地认识自己、理解自己。

● 创造。用双手去思考、去创造吧。画画、涂色、下厨、插花等都可以。让我们运用双手，解放头脑。

● 跳舞。让四肢解放片刻，自由起舞吧。活动身体让人变得幸福，让我们与自己重新建立联系。

● 感恩。在每天结束之前，留出片刻感恩三样东西：那些经历过的经历、那些思考过的思考、那些被感受的感受。我们将会发现生命的丰富与奇妙。

请想想你的喜好，填在下方的横线上。

请根据上文的建议，写出五件你喜欢且易实现的事。

1. _____

2. _____

3. _____

4. _____

5. _____

请写出五件你许久未做或从未尝试过但想做的事，例如滑冰、跳伞、潜水等。

1. _____

2. _____

3. _____

4. _____

5. _____

接下来，请在上述十件事中进行选择。首先，挑一件你喜欢或擅长的事，将它记录在本子上，这周务必实践。其次，选一件你许久未做或从未尝试过的事，排在下周的日程表里。

这是你对自己许下的承诺。在做上述事情的时候，请关注自己的感受与能量的变化。请将更多的时间留给自己，将其他令你快乐的事放在之后的日程表里。我相信，你一定会有新的感受。

请坚信事在人为，别停留，行动起来吧！在你继续翻阅此书的过程中，你可以不断回顾那些已完成的练习，继续反省与改进。不着急，请慢慢来。

☐ 请回顾你在第7页画的那片森林，你觉得它和此刻的现实情况有出入吗？能反映现在的你和你的家人吗？请记住，你永远可以改变它——你可以擦掉重画，描绘你理想中的自己及家人。如果你之前没有画代表自己的那棵树，现在请尝试画一棵吧，毕竟你在这个"生态系统"中至关重要。

☐ 请回顾你在本书第25页关于"起点"的回答。

☐ 请回顾你在第31页关于"生命之轮"的涂色，以及你选择的那三个亟须被满足的需求。你已经计划实现它们了吗？如果没有，你在等什么？

☐ 请回顾你在第63页"自我调节"部分填写的关于不良情绪诱因的表格，并根据近日你对自己的观察进行更新。

☐ 请回顾你在第35~36页制作的"灵感板"，如果你想修改，那么此刻就去做吧。请记得随时更新。

☐ 请回顾你在第92页"在错误中学习"部分对问题的回答。你注意到自己的改变了吗？

☐ 你今天玩游戏了吗？我希望你们给我一个肯定的回答。其实玩游戏并不意味着做什么复杂的事情，可以先从简单的小游戏开始，逐步完成与自我重逢的活动。请多与自己相处，放松身心吧！

在和孩子建立的联系中成长

与孩子建立联系是最重要的任务，我们应当认真对待。我们必须与孩子建立实际、真诚、深刻的关系，这是孩子成长所需的重要因素，他们将因此感到自己有能力且值得过幸福的人生。

从生物学意义来说，生而为人，我们早已准备好与身边的人，尤其是与那些照顾我们的人产生联系。生命的前三年，特别是头几个月，对于奠定良好联系的基础至关重要。

重要提示：到目前为止，我们已经根据所知与所拥有之物做到了自己能力范围内的最好。另外，大脑的可塑性提供了诸多可能性，我们能够建立自身及子女需要的联系。因此，请不要担心。每天都有新的契机去反省自我，去思考自我与子女的联系，去改变我们察觉到的需要改变的事。我们无须完美，因为孩子想拥有的是真实的父母。他们寻求我们的目光与爱，也需要我们坚定不移地陪伴他们，以及必要时为他们指明方向。

让我们把这种存在于家人间的纽带般的联系，想象成一间充满创意与情感的实验室。当感觉安全的孩子身处其中，会展开自由的探索与实践。在成长与进步中，他们会感受到自信与自尊，感觉自己有能力认识、理解所处环境的规则。而我们身为家长，只要提供指引就可以。就这样，联系营造出令孩子感觉安全、踏实的氛围，孩子在其中成长，得以体验外部世界的关系交互、重重挑战与诸多神秘之处，以及内部世界赋予的认识自己、建立健康联系、走出家门的能力。这并不是对孩子的过度保护，而是创造一种能让他们发现自己的潜能、强项与弱点的成长环境。家长陪伴在侧，鼓励孩子独立，为他们提供温柔、坚定的必要指引，同时摒弃一切评判、斥责与欺骗。这样一来，在我们的支持、信任、鼓励与陪伴下，孩子会以坚韧、达观的态度面对人生的诸多挑战，健康地长大。

这样的氛围真让人心驰神往啊，不是吗？事实上，当我们的孩子尚在腹中时，在我们尚未真切将他们抱于怀中时，在我们还未成为生理上的父母时，我们便已经开始想象与他们建立的联系。当我们幻想与孩子一起玩耍、散步、吃饭的模样，当我们想象他们娇嫩、可爱的脸庞，家庭氛围就已经悄然形成。想象让我们在情感上做好准备，从而以特定的方式迎接孩子的到来。而当他们真正降临时，我们与他们之间命运相依的关系便建立了。这是一种如此强烈、伟大的联系，能够让孩子引起我们的关注并获得所需的照料，让身为父母的我们调整自己的状态，以便更好地了解、认识与照顾他们。于是，我们摒弃遐想，聚焦当下，提供责任与爱，始终以孩子当下的样子为起点，不停地创造与他们的联系。

随着我们与孩子共同建立联系，一场崭新、独特的对话也由此开启。在对话中，关系的互相连接将逐渐为孩子的人格发育奠定坚实的基础。说到这里，大家或许会想起前文关于教育的内容。没错，教育是一场无条件付出与接受的对话，慢工方显真章。以联系为基础，不匆忙的教育"大厦"方能拔地而起。

其实，自孩子呱呱坠地，我们将其拥入怀中的那一刻起，教育之路就开启了。在与孩子的各种互动中，无论有无意识，我们的教育风格都会逐渐形成，我们与子女的独特联系也会慢慢形成。就像使用老式收音机一样，我们轻柔地旋转旋钮，直至调到理想频段。而在教育孩子的时候，我们调节的是自己的节奏，为的是能够真诚且深入地倾听孩子、认真地爱孩子。

这种联系便是所谓的"依恋关系"。而我们为人父母者的重要任务便是根据子女的个性与需求，为他们提供充满安全感、值得信任且长久的依恋关系。良好的依恋关系在生理和情绪层面给足孩子安全感，支撑他们独立人格的发展与成形。

为了塑造上述的依恋关系，我们需要通过目光交流、肢体接触、言语交流等，创造独特的"实验室"环境。孩子身在其中，感觉十分安全，深知父母爱他们本来的模样，能够自由自在地表达自我、释放好奇心，并因此肯定自己的存在。

在这样的环境中，我们得以发现孩子完整的自我。我们不应让孩子与他们的本质渐行渐远。通常而言，当孩子的言行只为取悦家长、满足家长的期待，或避免被家长惩罚、恫吓，那么他们便与真实的自己背道而驰。这是一个虽令人痛心却不争的事实——许多孩子害怕因表达真实的自己而被家长责骂，甚至是挨打。无论出自何种原因，最终的结果便是孩子逐渐与自我脱节。

> 我想，你已经在调整自己的频道了，对吗？这真的值得去做！

如何建立安全、可信赖且持续的依恋关系

首要之事便是明白我们与孩子建立的联系是他们生理、心理、情感及关系层面发育与成熟的关键。也就是说，这种联系关乎他们能够成为什么样的人。与此同时，我们应当意识到，培养与照料这种联系是为人父母的每日功课，更是担在肩上的责任。我们应当以理解和接纳的态度去面对自己的家庭，许下陪伴孩子、满足其需求并适时调整的承诺。当然，我们也不能冷落自我的需求。

我们应当如何调整节奏，以建立更有安全感、更值得信任且长久的依恋关系？基于上述责任与承诺，下面为大家提供一些并不复杂的建议。

1. 与自己同频。

2. 激活自己的感性。

3. 了解与理解孩子。

4. 与孩子建立联系并关注当下。

与自己同频

这是我们每日生活的起点。在与他人共情之前，我们应当首先与自己同频。在前文中，我们探讨过如何与自己重新建立联系。例如，我们可以在早晨进行一场感受自己、调节身体与心理状态的仪式，去察觉自己的思维、情绪与身体上的反应，这些都有可能影响我们与外界达成共振。让我们反省自己、接纳自己，从而与自己重新建立联系。

我们应当明白，身为家长，我们的个人幸福感将直接影响我们为孩子成长营造的氛围。我们应当铭记，我们生来便是不完美的生物，但这是另一种意义上的完美。我们有权去感受与试错，而建立联系便是纠正错误的最好的药方。因此，我们应当将寻求内心平衡作为每天的必修课，不断地实践。

> 请你问问自己：你现在感觉如何？你今天需要什么？请用意识与行动爱自己。

激活自己的感性

感性不仅可以激活我们的感觉，更有助于我们与自己和身边的人达成身体、心理与情绪上的共振。当感性被激活，我们能够清醒、客观地读懂孩子的身体、心理与情绪状态，大致了解他们当下的处境与感受，且不强加任何主观感情。

乍一听，这并非易事。也许我们无法次次都准确地读懂孩子的感受，但这至少让我们对孩子所需的陪伴方式有更深的体会。在与孩子的共振中，应当始终注意下面两点：

● 激活感性并不意味着不断地提问孩子。我们应当调整节奏，带着好奇心，合理地提问，并观察孩子的反应。我们不必多言，在安全且值得信任的氛围中，默契的沉默让我们不再拘泥于孩子的言谈举止，而是关注孩子正在变成什么样的人。

● 激活感性与建立联系，不应只限于特殊时刻。事实上，良好的关系得益于双方在日常生活中给予的正面情绪及双向付出。这些恰恰是锻炼感性与了解彼此的绝佳时机。

以好奇心看待孩子，有助于迅速激活感性。

理解与了解孩子

在无言的观察中，我们开始让想象飞驰："他们在想什么呢？""他们为什么这样做？""他们现在感觉如何？""他们是从何处开始的？""他们正在消化什么内容呢？""他们掌握了什么？""他们天生会做什么？""何事会让他们感觉困难？""他们的哪些需求正在被满足，哪些需求正在被关注呢？"需求这一点可谓至关重要，稍后会展开说明。我们必须明白，通过观察，我们得以理解孩子，与孩子共情，并了解孩子的本质。

当我们再次聊及孩子的需求，首先应当明确的是，识别与满足孩子的需求是家长提供陪伴与情绪支撑过程中的关键一环。但也要明白，关注孩子的需求便是将孩子置于联系的中心、成长的中心、教育的中心及人生的中心，是根据孩子当下的模样，与其携手共建教育之路，同时充分地发现、理解与照顾他们，让他们感受到自己才是人生的主角。得益于如此真挚的关怀，我们将与孩子建立联系，成为孩子成长道路上的真正陪伴者，激发他们的潜能。

请注意，这并不意味着孩子是家里的"皇帝"。绝不。他们是我们观察与认识的中心，因为我们需要以此为基础，开启一场对话。在对话中，我们有意识地承担引路人与掌舵者的职责——提供陪伴，校准航向，唤醒才能，鼓励突破，建立清晰的边界。

与孩子建立联系并关注当下

这一点很容易理解。我们可以想想婴儿啼哭反映的种种需求——饥饿、困倦、冷、热、疼痛或身体不适。根据生活经验，我们便能很快得知婴儿啼哭的原因。

不过，面对某些需求，我们应当注意调动感官与倾听知觉，推测孩子的语言与行为未表现出来的内容。孩子游戏时的重复行为能反映他们的需求，例如他们有时用手头的物品搭屋子，有时藏在床底或桌子下面，有时躲在纸箱中并用衣服盖好，这些行为反映了他们的被保护需求或防备需求。当然，这些举动十分正常，是孩子在特定发育阶段热衷玩耍的游戏。如果我们能够注意到这一层面，便能提供必要的空间、时间，供孩子继续探索需求，并从中获益。反之，如果我们不明白此类游戏的价值，看到孩子在桌子下面玩耍，桌椅被弄得十分杂乱，我们只会烦躁不已。而如果我们明白呢？如果我们早已与孩子建立联系，知晓孩子的需求，那么在上述情况发生时，我们就会有不同的态度，还能及时调整情绪，与孩子感同身受。

当事态变得糟糕，孩子开始做出不当行为，例如发脾气、拽同伴的头发、说"你是世界上最差劲的妈妈"、用力摔门等，我们同样应当观察和分析。如果我们忽略建立联系的那些细微步骤，我们可能只停留在表象，无法真正认识孩子不当行为背后的真实原因——也许是因为白天孩子独自在家，想念我们；也许是因为他们与伙伴起了争执；也许是因为做了噩梦，他们害怕、烦躁的情绪还没有完全消解，需要宣泄。不静下来看一看，想一想，我们便会认为孩子的所作所为并不恰当，对孩子的求助充耳不闻。

如果眼下我们只听到孩子的求助，却难以看清问题的本质，那也不打紧。因为这能让我们睁开双眼，唤醒我们的情感觉察能力，让我们在经验的积累中逐渐识别孩子的真实需求，从而满足他们，陪伴他们，让他们找到解决方法。

曾经有位母亲向我咨询。她告诉我，一天，她和4岁的女儿一起逛超市，女儿跑个不停，差点儿在罐头食品区撞到人。这位母亲强忍怒火，下意识的话（你是笨蛋吗？你没看到有人吗？）到嘴边又咽了下去，毕竟这些标签化的语句意在评判，只会引起事后的内疚与情感断联。她想到了联系的重要性，并采取了这些步骤：深呼吸、快速转换情绪、激活感性、察觉双方需求。她想："我感觉焦躁是因为担心女儿打破商品、撞到别人或大声喧哗，这会让我觉得丢脸。另一方面，我既要采购物品，又要让孩子不添乱，做一个有能力的母亲。孩子只是精力旺盛，无处发泄，毕竟我们好久没有去公园了，而她又在家里闷了一上午。我应该适当引导她的行为。"

于是，她开始调整局面，试图照顾双方的需求。她靠近孩子，与孩子对视，温柔地说："我感觉你很想活动活动。要不是得先来超市，我早就带你去公园玩了。那样的话，你是不是会很开心？你现在跑来跑去的，妈妈很担心。我要买东西，你可不可以做我的小帮手？买完我们就去公园玩。你觉得我们能做到吗？你知道水果区在哪里吗？"就这样，采购完物品，她带着孩子高兴地去了公园。

请问问自己，影响自己情绪的因素是什么？你的需求是什么？该如何满足？

无论我们面临何种情形，我们之所以要建立安全、可靠且长久的联系，无非是为了让孩子体会到父母的陪伴与无条件的爱，从而感觉安全、被爱、有归属感、被理解与肯定。倘若我们做个有心之人，便会发现，当孩子的基本需求得到满足时，他们便会自然而然地流露出上述感受。而在孩子的基本需求中，安全感需求是基础。这种需求不仅是身体上的，也是情绪上的。当我们知晓与孩子的冲突难以避免（原因可能在孩子身上，也可能在我们身上），深信亲密关系不会因此而削弱，并努力营造积极、稳定的氛围时，我们就有了提供安全感的能力。要知道，无论发生什么事，无论孩子做什么、说什么、变成什么样的人，我们都会对他们说："我永远打心底里爱你。"——正如英国作家与插画家戴比·格里奥利所著的《我永远爱你》中狐狸妈妈对小狐狸的爱的告白。为了更好地感受这一点，我们需要创造能够让联系历久弥新的事物。我将这些事物比作积木，能够用它们搭建起"联系之塔"。

每个孩子都是独一无二的个体，这是贯穿本书的理念之一。因此，我们需要根据孩子的特点准备"材料"，从而搭建一座独一无二的"联系之塔"。每一棵植物的成长都离不开特定的照料与养分，不是吗？你的那颗"种子"同样如此。你需要找出最佳配方，同时细心培养，在种子的成长过程中察觉其细微的变化，对配方做出相应的调整。因此，请多了解你的孩子、你的伴侣与你自己，这对所有人都有好处。

请回想你与孩子共度的时光，思考他们的个性如何、长处和短处是什么，以及孩子与你在哪些方面容易产生共鸣，哪些方面则不然，当你的脑海中浮现出画面，接下来便可以着手搭建属于你的"联系之塔"。

在我看来，爱与感性是塔的基础。其他书中出现过的概念，我将一并列出，以提供灵感。至于那些你觉得必要的、暂未被我列出的概念，可以在对应的空白处进行添补。

请在词条左侧的圆圈中涂上你选择的颜色。接下来，请根据你的真实需要，给塔身的各个部分涂色。请注意，塔身的不同部分大小不一，你需要找出最适合孩子的组合。享受这个与内心建立联系的创作过程吧！

　　为了帮你寻找最佳组合，你可以问自己一个问题：考虑到孩子本来的样子与他们的独特需求，需要做些什么来让自己与孩子的关系更亲密呢？

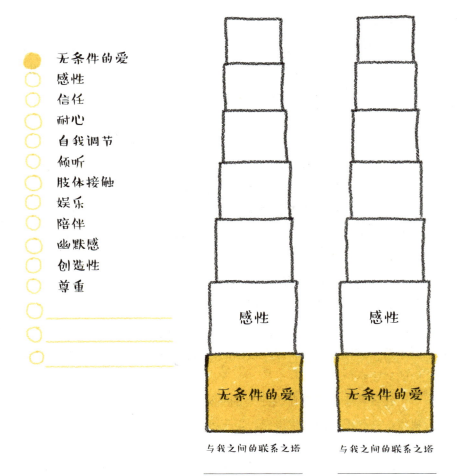

- 无条件的爱
- 感性
- 信任
- 耐心
- 自我调节
- 倾听
- 肢体接触
- 娱乐
- 陪伴
- 幽默感
- 创造性
- 尊重

感性

无条件的爱

与我之间的联系之塔

感性

无条件的爱

与我之间的联系之塔

在日复一日的实践中，虽然塔有倒塌的风险，但无条件的爱始终都在。因此，假如塔真的倒了，你只要与内心、与孩子重新建立联结，重建"联系之塔"即可。

如何与孩子互动

那便是与孩子对视，进行肢体接触，用温柔的语言和他们交流。我们可以弯腰，平视他们的双眼，将手搭在他们的肩头，或在说话的时候拉起他们的手。要注意沟通的姿势以及说话的内容、音量和语速，因为它们将共同作用，营造理想的氛围。

接下来，让我们把目光转向那些日常生活里的瞬间，去发现建立联系的诸多可能性。

在这里，我想分享一些建议，供大家在搭建"联系之塔"的过程中尝试。

● 花些时间，在叫孩子起床时爱抚他们，在他们起不来的时候说一句"我理解你"。

● 接孩子放学时说一句"我好想见你"。

● 提供关注。换言之，当孩子激动地跑过来跟我们分享某事时，要放下手头的事情，认真倾听他们的描述，并表现自己的好奇心与兴趣。如果当时很忙，没有时间，就告诉他们合适的时间。不过，时间这个概念或许对孩子而言过于抽象，因此我们可以拿日常生活中的具体时刻举例。请记得，一定要履行承诺！

● 在纸上写下鼓励性的话语，给孩子看，让孩子与我们的心灵更加亲近。

● 安排与孩子单独相处的亲子时间，做双方都感兴趣的事情。不久以后，亲子时间一定会让孩子感觉特别且值得期待。

⬤ 玩耍。我们可以抓住短暂的碎片时间陪孩子玩耍。

⬤ 专心地给孩子读睡前故事。

一天中有如此多的时刻可供利用，只要我们愿意付诸行动，享受其中。这些都是"种子"成长的养料。

在和情绪建立的联系中成长

认识自己与感觉自己，思维与情绪，大脑与心灵，智商与情商，这几种要素是相互依存的，缺一不可。我们需要全面地认识自我，不能忽视任意一个要素。我们也将因此感觉到自己是完整的存在，真正成为完整的人。

我们在人生这段令人振奋的旅途中不断验证着这一点：倘若没有推动事物发展的激情，动力便不复存在；倘若没有确定意义的意愿，学习便不会发生；倘若没有促进联系产生的情绪，联系就不会产生；倘若没有令人感到鲜活、完整的情感，就根本不会有真正的存在。

我们习惯用理性的思维观察世界，极少用感性的目光看待事物。大多数人习惯压抑情绪，麻痹自我。当我们准备打开感官去感受时，却发现自己很难描述当下发生的事情，更无法为其下定义。这样一来，我们无法表达自己的感受，因为它们在我们的身体里休憩、沉睡，虽未消失，但我们无法以合理的方式照料它们。每一种未被照料的情绪背后，都潜藏着一个未被满足的需求，而需求的不被关注会导致我们处于情感匮乏和不安的状态，长此以往，还会让我们与自己和他人切断联系。

因此，如果希望孩子健康、顺利地成长，我们应当关注他们的情感世界，当然也不能忽视我们自己。

安全的依恋关系能够提供理想的环境与空间。前面我们探讨过，家长应当调动情绪，读懂孩子的思想与情绪，从而与孩子感同身受，这对形成依恋关系非常重要。这种尝试能让我们更好地理解孩子，以他们需要的方式陪伴他们，与他们共情，并搭建独一无二的"联系之塔"。在这种互动中，孩子感受到与家长的联系以及随之而来的种种益处，同时也能为自己的所想与所感找到意义。他们将发现自我，并明白当下发生的事都有意义。

当孩子明白当下发生的事皆有意义时，我们能更深刻地理解孩子，尊重他们的情绪，给予他们能量，帮助他们的心智成长，学会以积极的方式解决情绪难题。随着大脑的发育、实践的积累，孩子逐渐能够觉察引发情绪的诱因（刺激）是什么，引起他人重视的需求（根源）是什么，并在两者之间做好区分。值得一提的是，如果孩子身处令他们感觉安全与尊重的环境，上述过程会更轻松、自然。

于是，我们发现，思想和情绪互相对话，在人类身上共生。两者各有特点，程度不同，时而合作，时而抗衡。我们需要知道的是，人类的思想与情绪，令人愉悦也好，使人不快也好，都有其存在的意义与价值——能够帮助个体更好地了解自我、照顾自我与表达自我。

孩子在童年时期可能会情绪过激，有时甚至任性妄为，这是很正常的现象。原因在于孩子的大脑并不成熟，仍处于发育阶段，大脑的理智部分无法迅速介入以管控情绪。因此，当我们请求孩子冷静却徒劳时，请明白他们的确无法做到，除非家长伸出援手。不过，在双方关系紧张的时候，家长有时自顾不暇，不仅感觉情绪失控，还有可能做出下意识的反应。

想象你的女儿正在奔跑。她摔倒了，随后大哭起来。你靠近她，弯下腰，告诉她：

别哭，这不算什么。别哭鼻子啦，这样不好看。

你像个爱哭鬼。都怪地不好！（然后你踢了地，怪疼的。）

或者想象你的小儿子因为害怕黑暗而呼唤你，而你站在门口告诉他：

你都这么大了，怎么还怕黑？你是个胆小鬼吗？

世界上没有怪物，房间里也没有别人。快睡吧！

好心的我们以为这样做便能解决问题，安抚孩子的情绪。很多时候这样做的确奏效——女儿停止哭泣，似乎忘记了疼痛；儿子似乎不再害怕了，躺在床上安然入睡。其实，孩子的做法是在取悦我们，是为了让我们的希望不落空，让所有的事情回归"正常"。然而，孩子的内心留下了什么呢？

现在让我们换一种说法。

你靠近女儿，拉着她的胳膊，弯下腰并与她进行眼神交流，或者把她搂入怀中，温柔地对她说：

你还好吗？我看到你摔倒了。很痛吧？是不是吓着了？

让我看看，好吗？

需要冰敷吗？

而在另一个场景里，你走进儿子的房间，耐心地坐在他身边，一边抚摸他的脸蛋儿，一边拉起他的手：

> 你有任何想法都可以告诉我。

> 想到怪物会令你害怕，需要我做点儿什么来帮你吗？

于是，孩子对你倾诉他的想法，然后你们一起想象、思考。可以亮起一盏灯或留下可以随时拿取的手电筒；可以留下来陪伴孩子片刻，或像个侦探一样仔细检查房间，确保怪物"离开"了。第二天，让孩子把看到的怪物画在纸上，然后将画折起来，锁入盒子中，代表怪物被锁起来了；或者在房间里张贴写着"怪物禁止入内"的海报；还可以在孩子睡前，在房间里喷一些怡神精油。

现在，你的孩子感觉如何呢？请在下列选项中进行勾选。

- ☐ 被理解与被照顾。
- ☐ 被重视与平静。
- ☐ 被忽视与被惊吓。
- ☐ 羞耻与伤心。
- ☐ 宽慰与有安全感。
- ☐ 被讥笑与苦恼。

那些未被勾选的选项，代表孩子听到父母下意识回答时的感受与情绪。处于这样的状态时，亲情联系难以维系，那些引发孩子负面情绪的需求仍然被忽视，孩子会因此觉得自己的感受毫不重要。而那些被选中的选项则表示孩子的需求与感受得到了尊重，也表示家长提供的陪伴是真实且能觉察到的，孩子也会因此觉得自己被重视与被满足，稳固、安全的联系开始建立。我们应当明白，孩子的感受是真实存在的，他们有资格进行表达。

于是，我们得出结论——家长扮演调节孩子负面情绪的角色，应帮助孩子完成自我调节。有三个基本点需要重视：

1. 与孩子当下的负面情绪建立联系，提高重视，不断发挥"联系之塔"的作用。

2. 通过积极的情绪调节手段去引导孩子的负面情绪，避免孩子与我们自己在负面情绪爆发时受到情感上或生理上的伤害。

3. 事后与孩子重建联系，承认负面情绪存在的合理性。当"杏仁核绑架"现象消失，负面情绪也会随之消失。我们可以在与孩子共度的亲子时间一起平静地探讨发生的事情，可以参考儿童读物中出现的类似情况，也可以抓住合适的契机提问，以增进了解，承认情绪存在的合理性，发掘情绪爆发的征兆，思考如何察觉与控制情绪，并提出温和处理情绪的方法。

在孩子产生负面情绪的时候，家长如何处理孩子的负面情绪以及辨别自己的负面情绪至关重要。我们理解、经历、消除负面情绪的方式、自我调节的手段，都会成为孩子学习的榜样。在漫漫人生路上，如果我们始终铭记自己是孩子的榜样，主动辨别自己的负面情绪，养成自我调节的习惯，我们会发现，孩子也会对自己独立调节负面情绪的能力产生信心。直到未来的某一天，当我们情绪失调时，孩子会反过来帮助我们，并提供曾经适用于他们的消除负面情绪的方法。

通过调节孩子的负面情绪，我们与孩子建立了联系，并为他们提供了定义当下现实、经历与感受的方法。我们不断地与孩子共情，以语言或非语言的形式告诉他们，我们会永远陪伴在他们左右，当下支配他们的只是情绪而已。我们敞开心扉，在人生的任何时刻都愿意给予孩子真诚的安慰与支持。我们深深地明白，为人父母者的意义不在于替孩子扫清人生路上的重重阻碍，而在于为他们提供克服困难的勇气与方法，让他们将种种挫折视作学习的机会。

一个工作日的早晨，我5岁的女儿想拿饼干当早饭，但是家里的饼干已经吃完了。虽然给她提供了别的选项，但她就是想吃饼干，别的都不要。她越来越生气。我开始思索：她到底是哪个需求（困了、想去上学、不想学习）没有被满足呢？我该怎么满足她？我联想到孩子最喜欢的事——幻想。于是，我用兴奋、神秘的语气说："想象一下，我们在家里建一个饼干工厂怎么样？所有的材料都堆放在桌上，我们把椅子当作容器，把落地灯当作搅拌用的长柄勺……"听了我的话，女儿笑了，并开始仔细倾听。"我们还可以在这里设置一条传送带，经过烤箱，最后到达厨房。我好像能闻到饼干出炉时的香气！"只见女儿一边吸鼻子，一边微笑。她开心地叫道："我们还要做很多不同的口味！"我们一起想象，把整个家想象成饼干工厂，甚至可以在任意时刻啃一口饼干做的墙壁或桌子。我和女儿就这样建立了联系。而当我们结束想象之旅，回到现实世界，我问她："今天下午你放学后，我们一起去趟超市，然后回家烤饼干，怎么样？""好呀！"她回答道。"那现在你想吃烤面包还是燕麦片呢？""燕麦片！"到了下午烤制饼干的时候，我们聊了聊，她把她的沮丧、失落以及想象完饼干工厂之后的情绪好转都告诉了我。

直到今日，我们仍保存着那段有关饼干工厂的记忆。当她情绪几近失控时，她也会主动提起。对了，我们后来还把客厅当成了流动的巧克力池呢！

幻想与幽默是创造联系的两件法宝。

就这样，我们提供关怀，满足需求，培养孩子的内在智慧。我们让孩子叙述自己的进步与成就，目睹自己成为奇妙的个体。这种方式包含的力量如此强大，足以塑造并不断重塑孩子的自我认知。

假如自幼时起，我们的孩子就懂得了解自己真实的样子，并能够尊重、照顾与爱这样的自己，会产生什么样的结果呢？

当我们以爱和尊重为出发点，便可以构建稳固且安全的联系，孩子会感到被接纳，即父母接受他们本来的样子，也知晓他们是什么样子。家长会有意识地充当孩子的镜子，让他们照见自己的身体与心智、天赋与能力（即感到自己是有本领的、被尊重的），以及自己面临的困难与挑战。在此过程中，孩子的自信、自尊、与自我和他人建立健康关系的可能性也增大了。

倘若孩子能够觉察自我，他们会如何成长呢？

他们会与生命建立联系，感受到能量与自由，在成长的过程中不断地倾听自己、感受自己、照顾自己与爱自己。而这恰恰是我们一直追寻的有关不匆忙教育和建立联系的要义，是孩子人生背囊中的必备之物。孩子将因此感到身心平和，能够与自己、自己的本质、完整的自我建立联系。

我明白，这些听来会令人感到有压力，甚至有些沉重，尤其是当我们持续付出却不见成效时。毕竟将子女教养成理想的模样是一项浩大的工程，需要持久的责任心与承诺。其间会面临无数的艰难时刻、他人的评头论足或孤立无援的境地。今日播种，多年后才有可能收获果实。这的确在一定程度上让人感觉挫败，丧失斗志。但我们必须明白，教育非一日之功，而是一生的功课。我们需要不断调整，以适应孩子不断出现的新需求。请记得，我们与孩子一同成长。这是一条能让孩子发现自我的奇妙之路，对我们来说更是如此！这条道路通往一个充满无限可能的世界，去探索，去联系，去选择，去改变，去转化，去（共同）创造吧！

去吧，这是属于你的道路！

在和玩耍建立的联系中成长

在与玩耍的联系中经历与成长，即率真地表达与感受，换言之，就是与人的本质保持一致。另外，玩耍也是一种与他人互动的最真诚的方式，体现参与者肆意而活的潇洒与快乐。正如前文所言，运动、玩耍和娱乐需求是贯穿童年的需求。我更想将其称作贯穿人生的需求，需要我们穷尽一生去照料和满足。

与玩耍保持联系，能够让人感觉愉悦、变得乐观，感受到深层次的幸福感，与快乐、自我认识与自我调节产生稳固的联系，让大脑、情绪与身体达到和谐共存的状态。

就玩耍的本质而言，它能给孩子带来什么呢？请在下面的关键词清单中选出你赞同的词语，并用彩笔在框内涂色。当然，你也可以自己进行补充。这样一来，你便能直观地看出玩耍对于你的重要性。

自由	随意
快乐	创造力
好奇心	运动
行动	热爱生活

自出生之日起，我们便与玩耍建立了亲密的联系。我们想要体验生而为人的本质，肆意去活，自由自在。我们的人生态度是，发出我们独特的声音，发挥我们探索的能力，体验人生的种种可能性，体验自由且富有创造力的"心流"状态，享受当下的快乐与幸福。而玩耍，恰恰是我们永远需要的乐观与快乐之源。

然而，现实情况是，随着年岁的增长，我们总是忙于实现目标，逐渐失去体验游戏的活力。我们匆忙地行走于人世间，不断追寻目的。角色、职责、期待、外界的意愿和快节奏的社会如同滚滚洪流，将我们吞没，我们的大脑如同离弦之箭，逐渐与身体和心灵分离。

这就像在上学途中，家长在路上快步走着，两只手分别搂着两个孩子的手臂，拖着他们前行。这个场景你是否觉得似曾相识？我们的大脑便是这个家长，而我们的身体和心灵便是那两个孩子，此时前行的节奏与大脑完全不同。身体和心灵对视，沉默而顺从，任凭大脑对其不闻不问，只顾将它们拉扯向前。我们的大脑不懂得享受过程，更无法意识到心灵与身体为此付出了诸多代价。

现在，请想象这样的场景：大脑与身体和心灵手牵着手，肩并着肩，在上学途中惬意地走着，偶尔在彩色的地砖上跳跃，有惊无险地通过小路，避开路旁的荆棘。此时，身体和心灵感受如何呢？到达学校时，大脑会带着什么样的情绪与身体和心灵告别呢？

你知道前面说的两个场景的区别是什么吗？

当你将下列文字排列组合成一个词语，你就会知道答案。

不同之处在于：

　　上一页的文字可以组合成"玩耍"这个词。当我们的身体、大脑与心灵能够感知到玩耍的快乐，一切都在流动，一切皆有可能，而我们对待自我与周遭的态度也会变得乐观、坦率且有力。与自己的人生游戏建立联系，意味着遵从内心，更好地满足自己与他人的需求，而我们的感性与好奇心也会被激发。

　　秉持这般有趣的人生态度，我们会发现，其实事情都有积极的一面。正如在生活中找到乐趣的孩子，他们与玩耍建立了长久的联系。通过玩耍，他们完成与自己和生命的互动，这是我们童年时期经历过的事。

　　人与玩耍的联系是如此意义非凡且深远，应恒久地保持。身为父母，我们应当保护孩子与玩耍的联系，让他们得以平和、幸福地享受人生的其他需求。我们也应与玩耍重新建立联系，感受与自我及他人的联系，敞开心扉，跟随好奇心，享受种种有趣或复杂的事情。在这个过程中，孩子是我们的良师益友，因为他们十分擅长通过游戏建立联系。事实上，玩耍也是家长与孩子建立真切联系的最佳手段。

　　只要与孩子使用相同的语言，无须多言也能互相理解。当我们沉浸其中，感受彼此的爱意，将愉悦的情绪编织成联结之网，时间仿佛就此停止。当我们怀抱尊重与真诚投身于游戏中，与孩子分享生命中的美好时刻，其实是在告诉孩子：

> 我爱你。
>
> 我珍惜你。
>
> 你值得，你对我很重要。
>
> 我感受到真实的你。
>
> 我看着你。

　　当孩子听到上述内容，他们会产生什么样的感受呢？而且我们使用的居然是他们的语言！假如一切皆由心出发，那么在与孩子沟通时自然不会存在误会。

　　这是真爱的宣言！

现在，请给你在第7页画下的那株植物添上新的枝叶，并在那片森林旁写下鼓励人心的话语，就当作送给家人与你自己的礼物吧！

当我们基于玩耍与孩子建立联系，我们是在向孩子最本真、最独特的部分释放爱意，按他们应得的方式尊重与照顾他们，由此创造深刻、稳定的情感联系。这种联系发自内心，会让孩子感受到快乐、幸福、被信任。

也许有人会担心："我不会玩游戏，怎么办？"或者"我难以和孩子达成默契，和孩子玩游戏的时候不舒服，怎么办？"如果你有这样的感受，可以重复下面那句话，这有助于及时消除那些只会让我们徒增忧虑的情绪。我平日里也是这么做的。

别小看那些细微的时刻，它们包含了重要的记忆。

我之所以想告诉你们这句话，是因为我们习惯因为没有陪孩子玩耍而自责，甚至社会也习惯在这个问题上苛责家长。然而，人们习惯性地认为"玩耍"等同于花好几个小时捏橡皮泥、把棋牌铺得满桌都是、在家里到处捉迷藏、在森林里造木屋、在街道上赛跑、在沙滩上把自己埋进沙堆里……前面那句话中列举的都是亲子游戏，但它们并不是我们仅有的选择。我们陪在孩子身边的时间可能并没有那么多。其实，日常生活本就包含一些细微时刻，可以用来与孩子建立游戏的联系，只是我们往往忽略了。例如给孩子换尿布时，我们吐舌头逗孩子开心，孩子因此绽开笑脸，甚至也对我们吐舌头；让孩子坐在我们的腿上，好像在玩旋转木马；逛超市时，让孩子坐在购物车里，并共同把它想象成环行小火车；下厨或摆放餐具时，放一首歌并随之起舞；上楼梯时，一级一级地数台阶的数量；洗漱时，把牙刷当作话筒，并因此开怀大笑；在去学校的路上，唱歌或在彩色的地砖间跳来跳去……以上都是与孩子通过玩耍建立联系的绝佳机会，虽然简单，但充满欢乐，根本不需要刻意安排。后文还将就这个话题为大家提供灵感，呈现更多具体的游戏形式。我在此处预先提及，是因为希望我们能够勤于思索平凡日常中的游戏时刻。只要我们愿意多多探寻生活中的欢笑时刻，肯定都能找到！

> 请稍等片刻，思索以下问题：你拥有这样的时刻吗？你发现了日常生活中的玩乐时刻吗？请记住它们，享受它们，千万不要让它们从时间的缝隙中溜走。你甚至可以留心观察哪类游戏更令人快乐，哪些恰恰相反，以及原因是什么。倘若玩乐时刻尚未来临，那就多多留意你们的状态，或者搜索记忆，复现那些你与家人玩过的游戏或者你童年时爱玩的简单游戏。

我的游戏清单

> 如果你回忆不出任何一款游戏，请不要担心，这只是说明你需要更新视角、唤醒游戏之魂、重建与自我的联系而已。当我们朝自己的内心深处走去，我们会发现，人类身上总是或多或少地有一些局限性，让我们失去玩耍的能力，不懂得如何像孩子一样嬉戏、玩闹。

事实上，玩耍之魂就在我们体内，陪伴我们一生。它只是随岁月流逝发生了变化而已，我们的身体和思想也是同样的。现在，我们的玩耍方式与以前相比，的确大不一样，但其内核并未发生改变。这一内核由我们无意识地创造，它们各不相同——有趣的谈吐、制订规则时的调和能力或缺少物质条件时的创新能力。请留意与思考那些生活中我们乐于重复的事项。也许直至今日，我们仍在反复践行。如果我们觉察得较早，也许它们早已变成了某种才华。我们与这一才华建立联系的过程其实十分简单，就好比心中自然萌发出玩耍的愿望，到施展才华时，我们满心愉悦，如鱼得水。

与玩耍建立联系，就是与当下能让你感觉快乐的事情建立联系，这可以缓解我们的压力，使我们不再过度期待。此刻存在于天地间的唯有连接内在与外在之我的联系。与玩耍建立联系，便是与人的内心、大脑与身体达成完美共振，一切都归于和谐状态。在如此有安全感的环境中，我们自由地探索人类存在、感受、行动的方式。这一行为的重要性丝毫不亚于健康的饮食与充足的睡眠，因为生命力将注入我们体内，达观的人生态度将得以激活，我们将乐于与他人和自己建立共情、充满活力的联系。

假如你们仍觉得与玩耍的联系很薄弱，请留心观察一段时间，例如你喜欢什么样的状态、你在做什么样的事情、你想与子女或伴侣建立什么样的联系。请允许自己发现、体会和享受。或许填补"生命之轮"中缺失部分的大好时机已经来临，因为那些部分定然影响我们与游戏之间的联系。另外，当我们尝试建立联系却停滞不前时，要多探察缘由。我们不应将其视作强制执行的任务，否则游戏将失去意义。

其实，我们可以想想那些我们心中热爱，却苦于无条件或不被允许做的事情，也可以思考那些占据我们心绪的忧虑，例如像孩童般玩耍时的羞耻、关于玩耍浪费时间的联想。我想强调的是，玩耍将伴随我们终生，只要我们下定决心抛下包袱，怀抱好奇心，纵情人生。让我们肆意而活吧！对了，请记得回顾与自己建立联系的行动清单（见第114页），是时候尝试了！

如何与属于自己的游戏建立联系

接下来，让我们共同做一件简单而奇妙的事情，那便是静静地坐在孩子身边。当我们的存在不被察觉，我们便能带着好奇心，专注且用心地观察以下内容：孩子在玩什么游戏？孩子是如何玩耍的？孩子如何看待世界？世界如何与他们建立联系？游戏反映了孩子的哪些特质？我们要思考其中引人注目的事物或行为，也许是某个固定的物件，例如树叶、石头、棍棒等，也许是某段有趣的对话，也许是孩子提出的某个见解。让我们跟随孩子的天性，将这种观察变成习惯，并相信假以时日，我们将摒弃现实中的期待与苛求，重新找回自由玩耍的意愿。当孩子气复现的那天来临，请尽情享受吧！让我们寻找并尝试新的玩乐之法，随心行动，看看心中的感觉会将我们带向何方。而此刻我们要做的，便是多练习，直至达到随心所欲而不逾矩的状态。

接下来，我想提出一些建议，供大家在意欲与玩耍建立联系时参考。其中最重要的莫过于抛开外界的要求、期待与评价，不去追求玩耍的目的与意义。如果它们一直存在于你的脑海中，请不要理会。请纯粹地用身体和心灵去感受玩耍的快乐吧！毕竟我们已经忽略它们多时了。等到时机成熟，我们再来处理这些情绪。

以下几条建议供大家尝试与思考：

● 让玩耍的想法随意出现于任一时刻。当我们观察孩子时，不难发现，他们随时随地都可以玩耍、嬉戏。我们要在日常生活中保持好奇，不断尝试。事不宜迟，让我们开始吧！请展现自己好奇、创新、自由、爱玩的一面，玩转生活吧！我们走的必定是一条康庄大道，因为我们会感受到美好与激情同在。让我们把玩耍的念头融入日常生活中吧！

💡 下厨时，你可以高声歌唱；打电话时，你可以扮演自动回复的人工客服；走路时，你可以只踩同色的地砖；上班时，你可以换一条新路线，发现不同的风景，把自己当作寻找线索的侦探；你还可以自己创作歌词……

⚫ 不要试图掌控一切。假如掌控生活早已成为我们的习惯，那么在玩耍时产生控制游戏走向的念头，是一件非常正常的事情。因此，不用过分担心，只要把这份掌控欲当作不受欢迎的玩伴就好。当我们想让习惯统领全局的大脑稍作休息时，可以这么做：

💡 如果大脑想为玩耍设置目标（例如博自己一笑、增强勇气、消除压力、消除疲惫感等），你可以尝试在脑海中寻找生命中曾真心欢笑的记忆，并调动尽可能多的感官去感受当时那份自发的快乐。假如在玩耍的过程中，控制游戏的念头再次出现，请微笑，然后反复深呼吸，不断地回想些欢乐的记忆，与那些美好的情绪重逢。请认真倾听你内心的声音！

⚫ 允许自己尝试。很多时候，我们敢于尝试新鲜事物，打破常规，这并不是虚掷光阴（其实这往往是迸发奇妙灵感的时刻）。为什么我们不允许自己多尝试呢？因为我们被身为成年人的严肃感束缚，我们害怕羞耻、犯错、出洋相。然而，与玩耍建立联系，让一切带来快乐的事情都能得到允许，我们能更自由地听见内心的声音。

💡 必要时，你可以告诉自己："我可以做这件事情""去尝试吧，看看会发生什么""一切都会顺利的，勇敢尝试吧"。

⚫ 与"内心的小孩"对话。想必大家已经很久没和"内心的小孩"见面了。其实，时不时与其会面、聊天是极为必要的，因为那是我们内心最真实的一面。我们必须明确的是，见面的目的不在于触碰内心的伤疤——它们构成了现在的我们，但无法定义我们——而在于回想那些让我们感觉完整的人和事，在于找回那种自觉、圆满的状态。当回忆复现，我们去尝试即可，看看会发生什么。例如绘画、玩填色游戏、玩泥巴、翻跟头、看纪录片。让我们重新与"心流"状态建立连接，感受万事万物的自然流动。让那个内心的小孩指引我们就好，他一定非常乐意玩游戏。

💡 闭上双眼，做几组深呼吸，逐渐找到呼吸的节奏。在记忆中搜索童年最美好的模样。看看自己，感受自己。当你准备就绪，并且感到舒适时，请试着问问自己："你好吗？你需要什么？"请相信你与内心的对话，并任由它将你带向远方。当对话结束，请记得表示感谢——因这段共度的时光，因这份真正的联系。你可以说一些真挚的话，例如"我爱你""我珍惜你""我感受到真实的你""你值得""你对我很重要""我看见了你"。相信你内心的那个小孩已经告诉你不少可供尝试的点子。

● 回想那些令你激动的事。请不要缄口不提那些令我们感到快乐或兴奋的事情。它们是指引我们找回自己的指南，是激活幸福、乐观与人生可能性的内在驱动力。让我们在它们的指引下，顺从自己的心意，不断前行吧！让我们发挥创造力，允许有意义的事情发生吧！

💡 请问问自己，哪些事情很容易让你感觉良好？哪些事情你非常乐意去做？请在横线上列出来，并在不同的时间节点花些时间与它们建立联系。

● 到大自然中去。大自然是与自我重新建立联系的最佳场所。在自然中，我们感受到真正的节奏，各种感官被唤醒。到大自然中去，便是追寻我们的内心。去亲近大自然吧，去看看大自然将唤醒我们的哪种情绪（请坦然接受结果，无论好坏）。

💡 虽然后文将着重探讨如何与自然建立联系，但此刻，我仍想向你发出邀请——到大自然（森林、公园、田野、沙滩等）中去吧！闭上双眼，逐一用你的感官去体验自然吧！先竖起耳朵。你听到了什么？你能听到远方的声音吗？再感受触觉吧。此刻你的皮肤有什么样的感觉？身体转动90度后呢？有变化吗？逐一调动你的感官，你会发现，只要全神贯注，便能更深刻地感知世界。

根据自己的喜好，我们可以对上述事项随意组合，也可以自己寻找新的做法。玩耍是一种至关重要的联系方式，它能补给能量，帮助我们与自己建立联系，并向世界展示真我。通过玩耍，我们感知到美、富足与快乐。也许游戏能成为我们与外部世界沟通的手段。倘若出于某些原因，我们感受不到这种共振，请不要担心，想必是因为玩耍在人生中的地位尚未得到验证，或者缺乏来自外界的凝视。在本书的最后一部分，我们将找到答案。

在和自然建立的联系中成长

当我们提及能够提供美、富足与快乐等感受的场所，非大自然莫属。自然是伟大的，它的跳动与震颤独一无二，它的存在与循环不疾不徐，它总是给人类许多馈赠。我不禁想问，我们有多久没有让自己尽情体验大自然的美好了呢？

我们住在钢筋、水泥建造的房子中，沉浸于自然中的体验少之又少。我们远离自然，满满当当的日程与责任、快节奏的城市生活让我们与自然之美渐行渐远，更不记得体会身体的各种感觉。人本来是生态系统的组成部分，这是天性。但我们日渐与自然疏离，丢掉了根，忘却了野性，失去了本质。而我们在童年时期曾经完美地保有这一本质。在城市中，如果不主动与自然接近，我们与自然的联系将会越来越薄弱。如果我们不珍视这股生命之源，不与其建立联系，那我们的孩子会怎么样呢？这又会有什么影响呢？请理智地想一想吧。

我想讲一段个人经历。我小时候住在阿根廷的布宜诺斯艾利斯，那是一个喧闹的大都市。幸运的是，我经常去我的爷爷奶奶家过周末与假期。爷爷奶奶家位于空旷的乡野中，距离闹市区数十千米远，条件简陋且未通电。但在那里，大自然触手可及，为我们独享，包括土地、牧草、树木、菜畦、鸡犬、牛羊……那是纯粹的自由、快乐与幸福！那些日子是我童年最美好的回忆，而我也清楚地明白，它们构成了今日的我。虽然那时我手中没有玩具，也没有高科技娱乐设备，目之所及皆是草木、尘土，但与兄弟姐妹一起探险十分快乐。那里有肆意玩耍的空间，也有能让人享受孤独与寂静的天地。我记得我曾数小时观察尘土，以挑选出最细微的尘土为乐。毫不夸张地说，时至今日，我好像依旧能够感受到那时手中尘土的温度。

我虽然不了解他人的童年生活，但我很笃定，绝大多数人都曾在大自然、在户外流连忘返。追忆那些时刻，愉悦的感觉传遍全身，我们仿佛身临其境，重温欢笑、快乐与寂静。这些经历塑造了今天的我们。

小时候，我的父母并没有刻意维护我们或他们与大自然的联系，外出感受自然是一件很寻常的事。对此，我极为感恩，因为那些自发的玩耍以及与大自然的互动：

● 营造了有利于生理、心理发育的环境。

● 创造了一个有益于个人身心发展、让大脑、身体、心灵达到平衡状态，且适合个人节奏的空间。

● 让人对自然环境产生归属感与联结感，使人尊重自然、敬畏自然，让人更接近自己的本质。

● 让人感受到"活着的意愿""应当活在当下、活出自我""自己便是自然"。这是西班牙第一家露天幼儿园的创立者卡蒂亚·弗耶叟所持的观点。

寻得一方土地，既让人的感官体会到与自然的联系，又让人身心轻快、感到幸福且有收获，这并非易事。

试问，你们有多久没有直接而生动地体会到这样的感觉了？

我远离自然已经很久了。遥想当年，我离开祖辈的田园，去往其他国度，迎接未知的命运。年岁渐长，我逐渐遗忘了幼时自然馈赠我的幸福与自由。是否觉得这一点似曾相识？玩耍是不是也被我们淡忘了？至少于我而言，重新与玩耍建立联系并非易事。直到我的第一个孩子出生，我才逐渐回归自然。当我仔细观察孩子的成长，我与人的天然状态以及那颗常焕发着蓬勃生机的生命之种建立了联系。那时，我的思路远不如现在全面，不明白教育的内涵，也没有过分上心。所幸我的孩子循着自己独特的节奏成长，还习得了不少技能。我只需要提供前文提及的必要照料就足够。一步一个脚印，凭着一己之力，孩子便能成为他自己。看着我的孩子，我感受到人与自然的联系。多么奇妙的魔力！

现在，是时候强调两个不应忘记的基本点了，虽然与之建立联系并不容易。

1. 我们即自然。

2. 我们需要与自然建立联系，并感受这股力量，哪怕只是在某个特定的时刻。

当上述两点相互辉映，我们会感到自己是自然的一部分，并在与自然的联系中成长。我们能够觉察到内心世界与自然轮回的细微之处，感受到生命的幸福、和谐。同时，我们会明白，帮助孩子建立与大自然及天性的联系是何等重要。

与天性建立联系

根据那些有关人类天性之争的论断，在我看来，与天性建立联系指的是能明白自己是谁，以及能感受到与生命意义的联系。即跟随内心，每日践行与自我保持一致的方法，最终达成与身体、大脑和心灵同频。我明白，当我们谈及自我，总会被外界施加的或自愿背负的包袱束缚，因此我们看不见自我，模糊了生命的意义。不是吗？所幸，自知能帮我们（重新）发现自我，整合自我，做出必要的改变，从而追寻独一无二的本真之我。

在本书中，我数次提到"自知"，想必大家在文字与练习中已一窥端倪。下面我想稍作补充，以帮助大家更好地了解自我，发现自然之我，拥抱与接纳独特之我。

人活在世界上，我们的身体会时不时暗示我们的天性所在。身体会发出诸如疼痛、焦虑等信号，警告我们身体可能出现了问题，应当认真照顾自己；也会给出顺应自然规律的提示，例如冬季因缺乏活力而习惯待在家中、春天来临时重新充满活力、季节更替导致脱发，或其他容易被忽略的事情，包括女性的生理周期。

> 我一直在尝试与自己的天性建立联系。不久前，多亏了我伴侣的观察，我才得以擦亮双眼并重视自己的一个习惯性行为——我总在生理期的前一周对孩子的举止反应过激。经过一番思索，我发现，生理期来临前的几天里，女性情绪波动较大，面对冲突难以保持必要的情绪稳定，且不易敞开心扉。原来，在那些时刻，我的内心秩序、情绪、需求与平时不同。而关于自我的认知是一种力量，它让我更关注自己的反应，让我及时从惯性的应对方式中抽离出来，或当我未能适时做到时，让我与自己共情并接纳自己，重整旗鼓，与子女重新建立联系。

生理特性与智力特性、情绪特性共同作用。当我们了解自己的体质——生理特性的重要构成部分，包括过敏原、生理周期等，我们就能更好地让这一特性为我们所用。因此，请顾及、探索与检查那些发生在你身体内部的微妙变化，只有这样，你才能更好地认识自己，并做出必要的改变。

此处之所以提及自知这个概念，旨在引导大家进行更深入的自我探索，即深思那些我们已经习以为常的事物，发现并发挥自己的天性，因为其中蕴藏着我们最本真的教育方式。

而当我们为人父母，更应关注孩子的天性。这也是本书的教育理念：发现孩子独特的天性，陪伴孩子成长，满足孩子天性发展的核心需要，从而让孩子成为他们本该成为的人，而非长成家长期待的模样。二者的区别会决定孩子与天性合拍还是背离，也将改变孩子的成长之路。

孩子的成长遵循"现实—成人—孩子"这种三角模式。家长面对环境与当下现实的反应与态度，会对孩子产生直接或潜移默化的影响。而这种影响，与孩子的既往经历与认知共同作用，构成孩子理解现实的方式，孩子的个体逻辑因此形成。而作为具备责任感的家长，我们恰恰应当关注孩子理解当下的方式、他们的性格与脾气，因为只有了解孩子的天性（在前文的诸多活动中，我们已经探寻一二），我们才能了解孩子的内在世界，以全面的视角观赏孩子独特的人生地图。

下方为孩子的人生地图。请浏览地图中的三个部分与对应的描述，并在横线上进行补充。

认知的发育、语言能力、注意力和记忆力、既有知识、思维与反省能力……

运动能力的发育、成长阶段……

个体

与自我、现实世界及他人建立联系的方式，消除负面情绪的方式……

　　前面的内容描绘出孩子个体的全貌及各个组成部分的特点。当上述三个部分能够和谐且自在地交织在一起，孩子的行动、思想、情感也会保持一致。他们了解自己、理解自己、取悦自己与接纳自己，还会为个体幸福、所在环境与周围的人进行调整。我们通篇都在谈论的照顾与尊重，其实是个体保持自然状态所需的照顾与尊重，因此教育必须遵从孩子的天性。

　　我们也曾探讨为孩子提供真实环境的重要性。当然，家庭环境是其中一种。但更应该为孩子提供接触自然的机会，让他们能够探索与认识自然，并对自然产生亲近感，因为大自然提供的多元感官体验以及千变万化的挑战，都是其他环境力不能及的。

与我们构成的自然产生联系

　　我们即自然。作为自然整体的组成部分，我们需要感知到自己构成了自然，也将因此感受到我们真实地活着。不过，技术化的娱乐方式、紧凑的日程安排、冲动性消费、药物的使用等都削弱了上述这一需要。

　　新冠疫情曾席卷世界。如果我们非要找出这件事的积极面，或许便是增进了人与人、人与自然之间的联系。阳台成为宝地，遛狗成为下楼散步与透气的理由。后来，人们能够自由地走出家门，一些家庭直接选择远离城市，定居乡野，或许是因为他们听从了内心之声，意欲回归本真；另一些家庭则在家中种植花草与蔬菜，有条件时则出门旅游，暂时远离城市，汲取大自然的力量。

　　我们需要自然！通过呼吸新鲜空气，我们得以找回自我，内心得以平静，活力得以恢复，负面情绪得以疏导。而这样的体验，在家里怎能实现？其实早在数十年前，人类与自然逐渐隔绝便是不争的事实。相关研究证明，这会削弱个体的幸福感，导致人类的有些能力缺失，并影响人类生理、心理和认知的发育。

毋庸置疑，倘若幼年时我们不曾自在地亲近自然，如今的我们也不会感受到自然带来的深刻影响。然而，令人深思与忧虑的是，到了我们这一代人为人父母时，却总是对孩子在户外嬉戏这件事大惊小怪，往往陷入过度保护孩子的境地。我们怎么了？

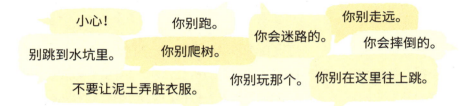

当家长持续不断地限制孩子玩耍，不让他们尝试，最后孩子还会想出门玩耍吗？答案可想而知。孩子有权玩耍，他们可以跑步、走远、跳跃、攀爬、触摸、吸吮、喊叫、大笑、弄脏自己、冒险、探索、跌倒又爬起。或许在这些字眼间，家长的不安有迹可循。但我们必须重新审视这种不安，并注意用正面的方式传达，避免破坏孩子玩耍的兴致。我们既要提供更多的信任、知识与自由，又应时刻反思在"成人—孩子—自然"这一模式中，哪一方没有完全发挥作用。在此过程中，我们察觉到的限制孩子与自然建立联系的因素如下：

● 过度保护。当家长出于保护孩子的心态而限制孩子的活动区域，也会限制孩子对真实世界的体验，剥夺他们迎接挑战的机会，削弱他们直面人生的能力与勇气。

● 不了解。如果家长并不了解孩子当下的能力，便会难以确定孩子的能力所及，无法为其提供适度的自由。因此，家长过度限制孩子行为的现象时有发生。

● 追求安逸与舒适。应当承认的是，的确有家长习惯待在家中，让本该出门玩耍的孩子静静地玩电子产品。

● 环境。对孩子而言，城市里那些露天的玩耍场所不够刺激、有趣。在家长的监视下，环境似乎也变得索然无味，不一会儿孩子便丧失了兴趣。在城市里，孩子无法找到能够躲避家长目光的场所、能够让他们的想象力驰骋的玩耍场地。

在我们生存的城市中，鲜有事物能让孩子自发地踏出家门，去往森林、海滩与田野，享受自然。孩子的脑海中循环着前面列举的那些话，他们心想："与其充满压力地玩耍，还不如待在家里。"

倘若孩子一直待在家中，与自然断联，会变成什么样呢？

20世纪初，美国记者与作家理查德·卢夫曾提出"自然缺失症"现象，意指城市儿童与自然环境的割裂。如果孩子无法与大自然自由自在地亲近，最终将与自我断联，缺乏活力、激情与内驱力；他们的身体将与其天性失联，这可能会造成更严重的机体紊乱。儿童医生和老师熟知的症状包括：

- 注意力集中问题，例如学习障碍、多动症等。
- 健康问题，例如肥胖、近视、免疫系统脆弱等。
- 心理问题，例如有攻击性、焦虑、抑郁等。
- 运动能力与感官能力较弱，导致发育不良、身体的协调性与平衡力较差，进一步导致易骨折与受伤、缺乏方向感、感官功能发育失调或欠缺等问题。

不知道大家是否还记得老师反映过的那些现象，例如孩子很容易摔倒、没有方向感、不会使用剪刀、做不到某事时总是马上求助、迅速变得沮丧……当孩子与自然断联，缺乏在户外快乐玩耍的机会，他们的肌肉得不到锻炼，负面情绪得不到疏解，就会在一定程度上出现生理或心理问题。

于是，我们看到了一些脆弱不安、难以独立、没有活力，甚至病恹恹的孩子。但这并不是他们的错。身为家长，我们应当根据孩子的年龄与发育特点，给孩子提供进行户外活动、享受自然的机会。同时，我们也要制定明确的规则，适度地约束孩子，使自己和孩子都能感受到足够的安全感。在孩子探索自然时，我们既要充分了解与信任孩子的能力，还应提供必要的陪伴和鼓励式的话语，以激发孩子自我保护的意识与尝试的勇气。

注意观察地面。

想试一下吗？

让我们找个参照点，看看我们现在身处何方。

三个支撑点更稳固。

你可以一直爬到你觉得安全的地方再停下。

需要的话，我一直在你身边。

是的，当孩子在自然中成长与学习时，我们要提供陪伴与鼓励，让孩子相信自己，信任环境。同时，我们要制定符合逻辑的规则，既保证安全，又保证孩子有足够的活动量。和孩子共同制定规则自然最好，这样他们更能记牢与遵守规则。我承认，有时我也会睁一只眼闭一只眼，把嘴巴闭严，以防说出不合适的话。没错，身为父母，我们总是担心孩子受伤，警惕那些可能会发生的危险。但我们也要学会辨别危险，了解与信任孩子的潜能，明白孩子在面对挑战与积累经验的过程中难免会有不顺利的时候。童年时期有机会探索自我极限，总强于长大后的不自知与百般尝试。

有时，出于害怕、无知或惰性，我们可能会阻止孩子参与有益于身心协调发展与成长的活动。同时，当孩子目睹家长与大自然的脱节，他们难以对自然产生亲近感也是情理之中的事。而当我们与自然脱节，我们更无法知道应当如何享受其中，或如何规避风险。社会向我们兜售完美主义，我们的脑海中总是会浮现出那些曾经满心期待地尝试，却以失败与愤怒告终的经历。为什么要重蹈覆辙呢？在我们眼中，亲近大自然便是把各种露营物品装进汽车后备厢，然后长途跋涉，最终登上山顶。其实并非如此。简单地下楼转一圈、逛公园、去附近的景区游玩，这些都是亲近自然的行为。通常而言，去一个丰富多元的目的地效果最好，例如充满不同气味与声响的田野或森林。如果现实无法满足，那也没什么关系，重点在于自发地亲近自然。我们要循序渐进，相信自然对所有人大有裨益。

一天，你的孩子们一直在家中吵闹。他们大声喊叫，甚至发生了肢体冲突。你感觉情形不对，想制止他们，但无济于事，气氛紧张不已。心累之余，你心生一计，说："我们出去玩吧！"然后让孩子们都去穿鞋。接下来发生了什么呢？孩子们停止打闹，跟着你出门玩耍。一场"风暴"就这样结束了。是否感觉似曾相识？这个例子想必大家都经历过。它恰如其分地彰显了大自然令人平心静气的力量。

哪怕碰上雨天或天气寒冷，自然都是疏解情绪与助人恢复活力的好帮手。之后，你将焕然一新地回到家中。

让我们抛开瞻前顾后的心态，聚焦于事情积极的一面，为孩子提供一个真实可及的环境，帮他们实现不匆忙的成长，与自然建立联系，保持身体、思想、心灵三个方面的平衡。在下方，我们将以自然为喻，复原前文的个性地图。我们必须知道，自然同样需要保持平衡，以保证地球上的生物能够存活。自然关乎我们种下的那颗"种子"的幸福。

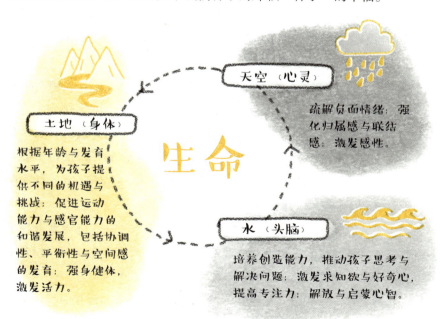

天空（心灵）

疏解负面情绪；强化归属感与联结感；激发感性。

土地（身体）

根据年龄与发育水平，为孩子提供不同的机遇与挑战；促进运动能力与感官能力的和谐发展，包括协调性、平衡性与空间感的发育；强身健体，激发活力。

生命

水（头脑）

培养创造能力，推动孩子思考与解决问题；激发求知欲与好奇心，提高专注力；解放与启蒙心智。

因此，我们必须让孩子目睹、经历并享受自然的循环。在大自然中，上述循环不仅随处可见，而且是免费的，所有人都可以享受。快带着孩子一起去触摸土壤吧！

与自然建立联系的方法

怎样能让自己与孩子尽情地"把手弄脏"呢？下面我会分享几个建议，让大家学会运用生活中简单易得的环境与物品，让孩子主动走近大自然，促进孩子与自然建立联系。至于以家庭为单位的方法，后文中会提到。

💡 激发好奇心与创造力。外出时，请睁开双眼，怀抱好奇心，激活感性细胞，去感受路途中的细微之处。可以高声与孩子讨论，享受童言无忌。

💡 抓住散步的契机，寻找途中的天然宝藏。去欣赏天地，发现被忽视的自然之美，例如地上的蜗牛、水泥缝中的植物、满地的落花、累累的果实。

💡 激活感官。在感受自然时，可以尽情地敞开心扉，逐一体验各种感官并探索主导性的感官。

💡 竖起耳朵，倾听鸟鸣与雨声；打开鼻腔，嗅闻与辨识公园中的花香；大方地触摸树干、枝叶、花瓣，感受植物的不同部位；品尝用不同烹饪方式做的菜；仰望树冠、天空……此时有什么样的感受？会留下什么样的记忆？

💡 将自然邀请至家中。虽然出门是最好的方法，但如果条件不允许，将自然邀至家中也是一种选择。可以做些简单的尝试，例如在心中回忆快乐的事、添置可以触摸或欣赏的自然物品。

💡 送自己一束花或一株绿植，每日花些时间照料；散步时，随手捡起木棍、果实、树叶、沙砾、石头、海螺等自然物品，并将它们带回家，充当装饰品或随手把玩的物件；打理菜园……

☀ 寻找自己的基地。更确切地说，就近寻找一个令你感觉惬意的自然地点。请将其视作与自然建立联系的基地，并许下承诺，但凡时机允许便会前去。也可以将去基地安排为定期计划，这也是一种与自己重新建立联系的方法。

💡 一切从简，例如可以坐在附近的长椅上看树，或者在公园里的隐秘角落、海滩、山脚随心玩耍。你可以带上一壶热茶、一本待阅读的书或一个速写本。总之，请珍惜与享受你的闲暇时光。此外，你还可以将你的秘密基地告诉家人。我敢保证，他们一定迫切地想了解。至于带不带他们去，那取决于你！

☀ 放松自己。当你独自一人或与孩子共同置身于大自然中时，可以进行一些深呼吸练习，静坐时做或边走边做都可以。呼吸之间，新鲜空气进入肺部，我们感受到空气的温度，身心放松。户外的空气相较室内的更纯净，不仅有益于健康，而且能让孩子在自然中尽情玩耍时更快乐。

💡 请专注于你的呼吸，感受空气被轻柔地吸入与呼出。你会逐渐掌控呼吸的节奏，最终你找到你最喜欢的节奏。

孩子与自然的联系，取决于家长与自然的亲密程度、家长对孩子独特个性的尊重，以及家长置身自然中的经历。家长对子女的爱与理解是双方联系产生与延续的基础。爱是尊重与照顾，大自然在其中扮演着重要角色。

第五站

在玩耍中成长

　　在本书的最后一部分，我想谈谈玩耍，尤其是孩子如何在玩耍带来的快乐与益处中成长。将这个话题放在最后，并不代表它不重要，恰恰相反，运动、玩耍与娱乐需求是贯穿童年的需求。接下来，就让我们共同探讨这种需求的重要性，探讨为何要重视它、满足它。

　　随着阅读的深入，想必大家已经发现玩耍在孩子成长、学习与发育过程中的意义。当我们聊起孩子，很难不提到"快乐""运动""玩耍"等字眼。这不只是表面现象，其内在逻辑是为孩子的快乐成长提供支撑与动力。

　　玩耍是孩子存在、感知、与当下的自我及世界建立和谐联系的方式，是贯穿童年的需求。玩耍蕴含的内在力量，让孩子的身体（运动）、头脑（游戏）与情感（快乐）达成平衡，他们因此能够以积极的心态面对当下出现的各种机会与挑战，去尝试、探索、感觉与超越。这种人生态度能够激发必要的内驱力、好奇心、创造力与想象力，让游戏与运动以润物细无声的方式滋养孩子。

　　在进入正题之前，厘清概念极为重要——在谈论童年玩耍的游戏时，我们谈论的本质是什么？这相当有必要。书中提及的玩耍，指的是一项无须人为指导与设置条件的活动，不需要家长主动的引导、控制或监视，由孩子独自或与玩伴一同进行，是自发、自由、能动的，能够让孩子变得积极、幸福。

　　玩耍中的开心体验会产生于任何时间与地点，因为它源于内心，被环境、想法、感官、情绪的交融与联结激发，并不需要玩具等物品的额外刺激。在游戏中，孩子能感受到与内心的深刻联系，并以运动、思考或改造环境等外化的方式进行表达。他们因此不带任何目的性，只是去做、去发现、去思考、去沉浸在当下，享受玩耍的过程。

当我试图定义玩耍，总觉得文字难以表达它包含的情绪、生理与认知价值，更何况每一个个体的表现形式、经历与感受都不相同。

此刻，我想问一个问题，请写下你脑海中即刻浮现的回答。请拿出一支铅笔。准备好了吗？问题是：对你而言，玩耍是什么？倒数3秒，3、2、1，时间到！请停止思考，动笔吧！

_____

_____

_____

_____

_____

感谢你的回答。这便是在你眼中，玩耍对孩子的意义。这对了解孩子的全貌至关重要。你将以此为起点，不断思索，逐渐发现孩子的快乐成长，乃至人类对完整自我的感知都离不开玩耍。明白了这一点，你的观念或许会发生转变。

有关玩耍的定义，我们先搁置在一边，稍后再谈。接下来，我觉得有必要谈谈当今社会影响孩子自在玩耍的两大因素。

1.繁重的作业与课外活动。 平日里孩子缺少用于游戏的时间与空间。
2.过度使用电子产品。 缺少约束的边界，难以保证孩子玩耍的质量。

关于上述两点，后文将提供行之有效的解决方法。

玩耍的价值

　　玩耍本是严肃的概念，然而在很长一段时间内，直至现在，玩耍被视作一种无足轻重的消遣，这与它的拉丁语词源有相似之处，指"快乐地做某事"。在我们的文化中，"快乐"和"消遣"都是"干正事"的反义词。于是，人们逐渐将玩耍视为孩子的玩乐方式。随着孩子逐渐长大，玩耍理应被其他应尽的责任取代，例如学习。

　　想必大家对以下话语都非常熟悉。

> 快停下，那是小孩子的把戏。

> 你是成年人，别把自己弄脏！

> 别玩了，快去工作！

> 别把时间浪费在小孩子才玩的游戏上！

　　大家是否觉得这些话很耳熟？这很正常，社会崇尚执行力、生产力与竞争力，玩耍只被人们当作无聊的消遣，甚至有人觉得它会阻碍我们实现功成名就这个最终目的。我们在这样的环境中长大，自然很难意识到玩耍的重要价值。其实，玩耍与快乐、享受和娱乐（根据字典上的解释，指消磨时间的惬意行为，而非浪费时间）一样，都有其价值所在。下面让我们探讨玩耍的真正含义。

什么是玩耍

　　面对这个问题，我脑海中浮现出奥古斯丁关于时间的定义：如果没有人问我，我是明白的；但倘若我想给问我的人解释，我却不明白了。关于玩耍的定义，每个人都有不同的看法，而且只可意会。因此，我只能提供一些代表性的词语，期望大家拼凑出一个整体性概念。这个概念有助于我们理解玩耍，或者更确切地说，感受玩耍。

让我们一切从简，从显而易见处着手。对孩子而言，玩耍是：

跑步	打滚	跳跃	转动	摇摆
攀登	发射	爬上	爬下	探索
发现	堆叠	放入	取出	覆盖
躲藏	建造	拆除	绘画	跳舞
唱歌	想象	触摸	弄脏	吸吮
嗅闻	啃咬	扮演	坚持	顽强
意志	满足	耐心	好奇	幻想
惊讶	创造	能力	勇气	幸福
受挫	快乐	消遣	挑战	超越
征服	合作	社交	沟通	驱动
专注	观察	体验	思索	分析
假设	尝试	犯错	踌躇	规则
解决	知识	虚构		

通过观察上面的词语，我发现玩耍的概念可被精简成以下三类：

行动、思想、情感。

有心之人会发现，这恰恰对应了我们通篇谈论的：

身体、头脑、心灵。

为人父母者应当以爱为出发点，尊重孩子的成长与发展，给孩子提供时间及空间，让孩子拥有自己的快乐。孩子将因此感受到自己是独立存在的个体。在这个过程中，孩子的身体、头脑与心灵达到和谐共存的状态。

请用不同颜色的彩笔为下方的圆圈涂色。

行动　　　思想　　　情感

　　请将上一页表格中的词语一一对应以上分类，并涂上相应的颜色。例如：跑步—行动，幻想—思想，发现—情感。你会发现，一个词可以对应多种颜色。你也可以在表格中的空白处添加词语，并涂上颜色。如果有些词语你不知道该如何分类，也许是因为你不曾仔细观察，或还没体验过，今后请多留心。

　　注意：当你犹豫不决，不知如何分类时，请深思每个词的含义。这将赋予你的观察更深刻的意义。

　　玩耍是行动、情感与思想的结合，是生命的原始冲动，是个体诞生伊始便出现的需求。个体奉行快乐原则，追求在愉悦的氛围中满足这种需求。玩耍也是一种与人的本质建立联系的手段，通过玩耍，个体倾听与满足内心的需求，调节负面情绪，并最终感受到内心的平衡与幸福。

　　通常而言，自发进行的玩耍有以下特点：

　　● 听从内心的指引。不同的人玩耍的方式与具体目的各不相同，玩耍时产生的情绪与感悟也不一样，但都会听从自己内心的声音。

　　● 自愿进行。玩耍是一种个人动机，孩子自行选择玩与不玩，而非出于义务或迫于强制。如若被迫，玩耍便失去了其应有的意义。

🟡 可以单人进行，也可以多人进行。大概在 3 岁后，孩子开始参与多人玩耍活动。正是在这种形式的玩耍中，个体逐渐成长，重要的能力也得到发展，例如社交能力、共情能力、协作能力、解决冲突的能力等。这些能力保证玩耍顺利地开始，有序地进行。

🟡 无预设目标。在玩耍的过程中，孩子可能会有新发现，玩耍重心可能会发生改变。"无预设目标"使孩子能够专心地玩耍，尽情地享受玩耍带来的快乐。

🟡 没有既定路线。玩耍时，孩子无意遵守既定的流程与步骤，习惯随心地玩耍，不在乎何时开始、如何进行、何时结束。当我们用温柔、细腻、尊重的眼光去观察孩子的玩耍，我们便能发现，孩子在过程中获得了诸多关于外部世界的信息与知识，逐渐察觉到其中暗含的逻辑。重复性的游戏模式是极佳的例证（隶属于瑞士儿童心理学家让·皮亚杰提出的"图式"范畴，该学者因对重复行为模式的发现与研究而闻名）。反复进行某种游戏是必要的，例如不停地抛接物品、不停地把东西排成一排、着迷于旋转或看物体旋转等，这些都可以促进孩子消化与吸收学到的东西。探索性的玩耍同理，能够促进孩子培养科学思维，学会观察、分析、预测、提出创新方案等。还记得前文中那个用铲子运石头的孩子吗？他实践的就是探索性玩耍的一种。

🟡 玩耍能够反映出个体对体验过的事情的感受和理解。关于这一点，意大利教育学家、画家弗朗西斯科·托鲁西说："对孩子而言，玩耍是剪下世界的一角，反复把玩以求理解它。"因为玩耍是人体验现实的手段。通过玩耍，个体获得丰富的经历。在玩耍时，个体基于自己已有的知识与视角，整合经验，赋予行为特殊的含义。要知道，现实对所有人而言，都是主观的。

🟡 玩耍与玩具无关。其实，孩子在玩耍时，并不一定需要玩具。借助自己与周遭的人的身体，或手边的日常物品，他们便能开始玩耍。和寻常物品一样，玩具只是间接满足孩子玩耍需求的工具之一。玩具让游戏变得更加丰富，但创造游戏的是孩子自己，而非玩具。

　　🟡 玩耍是长期开展的。玩耍是一个具有发展性的长期项目，如果我们不给孩子留出时间，或对此极为吝啬，那么玩耍最终必将流于形式。相反地，如果孩子拥有足够的时间玩耍，他们将充分地体会到玩耍带来的乐趣，学会思索、分析、实验、错误、再次尝试、与事物建立联系。意义丰富的玩耍需要长时间的积累。

为何玩耍是一个严肃的话题

　　基于前文总结的特点，我们可以知道，玩耍对于孩子的重要意义有：

　　🟡 认识自我。在玩耍时，孩子能够培养独立人格，明白自己能够施加影响，做出改变；他们能够觉察自己的局限性，不断提高各方面的能力，不断地迎接挑战与超越自己；在与外部世界的互动中，他们能够认识自己，并与他人建立联系。

　　🟡 幸福生活。玩耍是孩子生命中必不可少的重要活动，他们通过玩耍感受到完整且鲜活的自我。玩耍是排解负面情绪的重要方式，能够帮助孩子完成自我调节。玩耍也是孩子反抗家长给予的过高期待的手段。要知道，在这个飞速发展、充满竞争，甚至有些无情的世界上，安稳地度过童年并非易事。孩子与家长共同处于充满焦虑、强迫、不公的现实世界，玩耍为孩子营造了一方快乐天地，帮助孩子及时调整情绪，获得幸福。

　　关于玩耍的意义，下面我想补充一点。虽然并非出自直觉，但仍有必要严肃地对待。

　　🟡 促进孩子协调发展。玩耍能够促进孩子身心发展，增强孩子的认知能力。在玩耍中，孩子能够习得运动、社交等方面的能力，孩子将因此受益终身。

　　而对于陪伴孩子的家长，玩耍是：

● 指导家长了解、共情与陪伴孩子的指南针。若家长以感性与联系为起点，尊重每个孩子的独特性，便能通过玩耍察觉孩子的心理状态以及发育阶段，从而思考孩子在联系中成长、发育所需的重要条件。

总之，玩耍是孩子拥有的天然资源，它能够保证孩子身心平衡，做到自我调节，能够允许孩子表达自我、体验自我，并因此感受到自己的能力。它传达了这样一条智慧、有益的信息："我是，我感觉，我能够！"

你是否发现，孩子曾在玩耍时默念过以上话语？其实，他们每天都会如此。请在孩子玩耍时，给予他们时间、空间、安全感与信任，并多观察与思考他们是如何做自己的，又是如何达成自己的目标的。

此刻，请放松身心，将这句话当作有趣的"心灵咒语"，默念几遍。请拿起彩笔，为上一页中的树叶涂色，享受平静的一刻，并思考这句话的含义。

玩耍——成长、发展与学习的动力

在童年时期，孩子通过玩耍与周围的人、事及自己建立联系。他们怀抱探索人生之谜与赋予生命意义的愿望，意欲了解事物的本质是什么、真与美是什么、与周围的人与事互动时会产生什么样的变化。他们将其视为严肃的任务并努力地进行探索。他们全神贯注，心怀大志，反复尝试直至理解、消化。在内心自发、自主且能动的求知欲望的驱使下，他们不断地挑战未知事物，并享受其中。孩子在玩耍时，情绪与学习的交融不仅能确保孩子将学到的东西铭记于心，还能推动孩子在与世界接触的过程中发育智力。正如法国教育研究者赛利娜·阿尔瓦雷斯所言："人无法理解自己未经历之事。"是的，孩子也无法热爱自己不了解的事物，例如大自然。这便解释了为何要允许孩子自由地玩耍，为何要让他们进入现实世界与日常生活中，对他们的能力与潜能充满信心，并相信他们与环境的互动将激发出更多能力。

这种在玩耍中发现与探索的冲动能够：

🔅 促进孩子运动能力的发展。在一次次尝试与挑战中，孩子的运动能力会得到锻炼与强化。

🔅 促进孩子的平衡感与空间掌控力的健康发展。

🔅 让孩子以一种自然的方式体验人生中的种种局限性。

◉ 让孩子体验自己的情感世界，并独立地找到调节负面情绪的方法。

◉ 以循序渐进的方式建构、巩固与再定义知识。当然，这一点会随着孩子长大成人，以及与世界互动的经验的积累而发生变化。

玩耍是让孩子的身体、头脑、心灵协作的绝佳契机，孩子将因此感到幸福，感觉自己很有能力，并以谦虚的态度看待人生。

此刻，我们已然察觉到一个重要的理念，那便是皮亚杰的名言——"孩子并非为了学习而玩耍，他们通过玩耍来学习。"学习不是目的。对孩子而言，经历与感受现实意味着一种纯粹的快乐，他们为了这份纯粹的快乐去学习，用手、眼、耳、嘴、鼻自发地感受日常生活的惊喜。我们发现，孩子的玩耍也好，肢体活动也好，日常发现也好，都变得越来越丰富、充实、准确、高效。因为随着认知的深入，他们学到的知识越来越多，学习的深度也有了质的飞跃。这一点皮亚杰也在其认知理论中给出了证明。于是，孩子的身心发展日益成熟，情绪控制能力与思维能力也不断地增强。他们因此能够提出更成熟的建议，以及对应的解决办法，最终更好地认识世界。

奇妙的是，在人的一生中，个体尽情玩耍的时期刚好对应了运动、学习与神经元网络发育的最佳阶段。这一点实在很巧，不是吗？大自然如此智慧，熟知万事发展的规律。可以想想前文提到的那颗"种子"。无数心理学家、神经学家与研究人员在其认知与发育学说中早已验证了以上观点，神经教育学关于动物行为的研究成果也是强有力的证明。根据现行理论，儿童阶段的特点有：

◉ 拥有独特的观察、存在与感知方式。

◉ 通过好奇心与能动的行为、实践与探索，与世界建立联系。

◉ 理解世界的最佳方式就在他们自发的玩耍与运动中。

不过，如何在育儿时运用上述内容呢？实践出真知，这一点适用于孩子，当然也适用于家长。但不同之处在于，成年人需要通过练习，才能察觉到总是被忽略的细节。

我们需要保持头脑清明，看到玩耍给孩子带来的生理、心理与认知上的进步；应当重视并改善孩子的玩耍环境，给予他们应得的认真对待。为了让大家察觉到孩子在玩耍过程中的进步，包括运动、情感与社交层面的能力与智力发育，对孩子的发育阶段进行概述十分必要。

发育阶段与玩耍

孩子在不同阶段进行的玩耍与游戏，反映了其成年过程中的重大变化。他们的成长足迹是明显的，不难识别。于是，我们往往能够直观地察觉到其发育与进步所需的条件。孩子口中的"我是，我感觉，我能够"仿佛在给出暗示："我一切正常！"

请多多观察孩子，看看他们在自然状态下是如何玩耍的，例如他们在玩什么？他们玩耍时使用了什么工具？他们是独自玩耍还是和伙伴一起玩？请在下方的表格里写下孩子的名字，并描述他们正在玩的游戏。这与后面的一个练习密切相关。

孩子的名字	他在玩

这些自发的玩耍行为有助于我们辨别孩子的发育阶段，前提是我们有相关的知识储备。我们的依据是皮亚杰的认知理论，以及他在阐述认知与玩耍的关系时提出的分类标准。不过，依我之见，还是希望拥有一个更综合、全面的视角，关注孩子各方面的能力，包括运动、认知与社交能力等。

孩子的每个发育阶段具有一系列普遍的特点，对应着不同的玩耍行为，以及与自己或周围的人、事互动的方式。下面是我提炼的共通部分，仅供参考：

- 玩运动类游戏与感知运动阶段（0~2岁）。
- 象征类、建筑类游戏与前运算阶段（2~7岁）。
- 规则类游戏与运算阶段（7~12岁）。

> 注意：每个孩子的发育都有独特的节奏，因此请灵活地看待上述年龄分类。用于巩固某一方面的"倒退"现象时有出现，但不会影响孩子的后续发育。如果有疑问，请及时咨询身边的专业人士。

玩运动类游戏与感知运动阶段（0~2岁）

身处这一阶段的孩子需要通过打开感官去发现世界、发掘自我。他们的行为往往触发令自己惊讶、欣喜的结果，于是他们反复实践，从中学习与受益。他们全神贯注，将好奇心投注在自己的行为上，例如尚不协调的运动、尚不精准的抓握、好奇与偶然催发的体验，以及对人和事物的观察（孩子会逐渐发现人或事会消失，也会以象征性的形式留存在脑海中，即皮亚杰所说的"物体恒存性"）。最后一点往往在该阶段后期出现。

在情感层面，孩子逐渐从"生存期"（总是哭闹与生气）过渡出来，开始产生共情，理解他人的情绪（愉快与不快、快乐与忧伤），并惊喜于和他人的互动。刺激性的行为（如巨大的声响、快速移动等）、陌生人的出现，或亲密之人的视线转移都会让他们感觉紧张、害怕。

在这个阶段，孩子主要与身边提供安全感与信任的亲人及养育者互动。直到本阶段后期，他们才开始与同龄人互动，往往是以各玩各的形式（没有明显的互动，有时受同龄人启发，也会改变自己的玩耍方式）进行。

在下面列举的游戏与玩耍行为中，我们能发现上述规律。

孩子的动作	其他事物的联系	与他人的互动
观察、触碰、吸吮自己的手脚。	触摸远处的物品。	模仿他人的动作与话语，出现面部表情和不易识别的嘟囔声。
翻身、更换姿势或端坐。	利用不同的感官方式探索各种物品，例如触摸、吸吮、啃咬、投掷、拨弄、踩踏等。	触摸、爱抚他人，拽他人的头发或项链。
爬行、爬高与站立。	拿取、组装、排列、移动物品。	听人讲故事。
在有支撑点或无支撑点的情况下，在熟悉的环境中走动。	惊讶地照镜子与摆姿势。	包含肢体接触的玩耍行为：爱抚、按摩、爬到别人的身体上玩。
跑步、旋转、用两脚跳跃、向低处跳、上下楼梯。	用手或婴儿车、小推车等运送东西。	整理桌子、给别人倒水、浇花。

续表

孩子的动作	其他事物的联系	与他人的互动
躲藏（把脸遮住、把身子蒙住、藏起来，觉得自己没有被完全看到）。	把物品包起来，或在物品周围搭建线形边界。	玩"老鹰捉小鸡"、捉迷藏等游戏。
用嘴巴发出声响、拍手或用脚轻敲。	模仿成年人的生活，例如做饭、带玩偶散步。	在父母的怀抱里摇摆、跳舞。

象征类、建筑类游戏与前运算阶段（2~7岁）

这个阶段的特点是孩子能更好地控制自己的动作，变得自觉、独立（在该阶段末期，控制会更精准）。另外，他们的象征性思维也会得到发展，能够进行流畅的口头表达，分清不同的人物，判断物品的不同用途与含义（在该阶段末期，能够区分真实世界与想象世界），对图形感兴趣，能够涂涂画画、进行简单的书写与阅读。

善良这种天性使孩子与他人产生共情。在该阶段初期，孩子在表达自己的需求与感受时会遇到困难，习惯在沮丧、受挫时发脾气。但随着语言表达能力与情感意识的发育，这种现象会得到改善。他们能更好地面对不公、不被理解、批评与被拒绝，能明白自己的感受以及为什么会产生这种感受，也能在家长的示范作用下进行情绪管理，从而以更妥当的方式将感受表达出来。在这一阶段，他们害怕的对象有所增加，例如黑暗、大型动物与怪物。

游戏是他们调节负面情绪的天然手段，尤其是象征类游戏。在玩耍时，他们与家人、同龄人进行角色分工，制定简单的规则。倘若留心观察，我们会发现玩耍能够反映孩子所处的现实，包括身边人的话语以及行为等。

这个阶段的代表性游戏与玩耍行为是：

孩子的动作	其他事物的联系	与他人的互动
单腿跳、倒着走、侧着走、在路牙上走、飞奔、从斜坡上往下滚、攀爬、保持平衡、荡秋千、骑自行车、游泳等。	想象场景，将自己想象成不同的角色，将物品想象成其他东西，例如将纸箱当成火箭、将瓶子当成玩偶等。	唱歌时与他人击掌、拍手、跳舞等。
想象与幻想：认为世界上存在怪物、仙女，编故事。	由搭建小屋变为搭建高楼（玩具）。	玩多人语言游戏，例如绕口令、简单的猜谜游戏等。
搭建障碍圈或障碍道等。	对拆装电子设备感兴趣。	与家人或同伴玩角色扮演游戏，例如扮演老师与学生。
对阅读与文字感兴趣：涂鸦、抄写字母（并不明白意思）、写简单的句子或把字母组合在一起。	计算、分类、整理、排列、解决简单的数学逻辑问题。	寻宝游戏、猜石头在左手还是右手等。
利用手边的材料，制作玩具、工具或简易器械。	利用手边的材料做随机实验，例如制作药水、饮料。	规则简单的竞争性游戏：追逐游戏、"123木头人"、抢椅子等。
踏出安全区，进行探索。	画画（先涂鸦，然后慢慢能够画出形状与细节）、剪贴、简单的针线活儿、捏橡皮泥。	帮忙做家务活儿：烹饪、给袜子配对、叠衣服、整理房间、打扫地面等。

规则类游戏与运算阶段（7~12岁）

这个阶段的孩子寻求独树一帜，与他人（尤其是父亲与母亲）不同，以获得他人对自己的认可。他们创造经过深思熟虑的更复杂的游戏，因为他们的耐力与运动能力大大增强，认知水平与逻辑思维能力也大幅提高了。他们因此能够产生联想，做出推断与实现正逆向思考（即根据过程预想结果，或基于结果推算过程）。多亏了这种思维模式，孩子看待现实的视角变得更全面且有逻辑性（不再如阶段初期那样，认为事物非黑即白、非丑即美），能够在面对挑战时提出并寻得不同的解决方法。

在情感层面，孩子开始理解，每个人都有独特的思考与感受方式，也有与他人不同的见解和感受。这个阶段的孩子更能控制情绪，在末期还会发生脾气变化，往往会变得内向（他们的内心会过滤情感，然后以一种节制的方式有意识地表达）。孩子不再害怕怪物（能分清现实与幻想），取而代之的是对死亡、他人的评价与学习成绩等的恐惧。

至于游戏层面，他们更喜欢与同龄人玩耍。在这个阶段，孩子更有意识地筛选玩伴，建立更有爱的联系。他们有了最好的朋友，或当作偶像的老师。家庭虽然重要，但孩子开始寻求独立（随着他们走向成熟，将与父母渐行渐远）。

这个阶段他们感兴趣的游戏与玩耍行为是：

孩子的动作	与其他事物的联系	与他人的互动
尝试更复杂、更有挑战性的肢体动作：翻跟头、倒立、双脚倒挂在树枝上、爬到树的最高处、从高处跳下等。	搭建系统性的、有自身机制的复杂物体。	组成拥有不同规则、主题与任务的游戏圈子。
做精细的手工活儿，例如做木制品、画画、制作模型等。	探索物品的真实功能并使用。	创造新的集体游戏，往往制定规则会花费大量时间。
思索、研究自己感兴趣的主题，例如宇宙、行星、人体等。	进行更具科学性的实验。	参加有规则的或由成年人指导的竞技运动和团队运动。
玩轮滑、骑自行车、玩滑板、游泳等。	收集物品并给物品分类，例如小卡片、橡皮、记事本、玩具车等。	对集体冒险感兴趣，习惯离开安全领域或成年人的视线。
思考并尝试写故事、写日记等。	象征性游戏：重心是扮演好自己的角色，而不是成为他人，例如扮演探险家、研究人员、老师等。	合唱、组乐队等。
对音乐、乐队产生兴趣，学着弹奏乐器。	开始独立做事：独自或与人合作，做好前期思考与准备，售卖手工制品，例如柠檬水、手镯、项链、书签等。	猜谜语、讲笑话、玩逻辑数学游戏。
寻找用来思考的安静空间。	杂耍、魔术等。	玩规则与策略更复杂的桌面游戏。

孩子应当依次经历上述不同阶段，用前文提到的话来说，便是"不要跳过任何成长阶段"。我们不妨将这些阶段视作从大到小堆叠的方块。当孩子顺利地度过每一个阶段，不断地吸收有用的知识与经验，为下一阶段打下基础，方块就能叠放得更稳固。

或许是时候进行反思了。请大家重新思考关于玩耍的概念，并在下面的横线处写下那些你认为重要的观点，以免遗忘。当然，这种反思以后仍要继续。

请翻阅前面的游戏清单列表，对照你的孩子玩过的游戏，回答下列问题：清单中有你的孩子玩过的游戏吗？那些游戏是否对应孩子相应的发育阶段？是否有曾经你不懂，但引起你的注意的现象？

如果就前两个问题，你都给出了肯定的回答，那么想必此刻的你已经理解为何本书把关于发育阶段的内容放到最后。天性使然，人类习惯分类、比较与评判。当我们拥有可用于比较的信息时，就会开始比较。当然，这无可厚非——我们想知道自己的孩子是否安好。因此，根据已有的经验，倘若我们先行了解发育阶段，那么我们很可能眼睛都长在表格上，沉迷于对照与验证，以至于无法集中精力，深刻而真诚地了解我们陪伴的孩子的独特性，更别提认识自我。本书通篇都在强调，家长应带着一份天真的直觉看待孩子，摒弃比较的眼光。这将使家长基于自身的感性和领导作用，陪伴、培养与塑造孩子，发掘孩子身上的独特性，从而为其创造安全且具有丰富联系的环境，增进与家人之间的关系。

不匆忙的玩耍与家长的陪伴

首先让我们深入了解，何为"不匆忙的玩耍"。它是孩子童年应该经历的事。正如前文"成长与教育"部分所说的，"不匆忙"这个修饰词本就多余。为了帮助家长更好地理解，我总是打下面这个比方："玩耍之于孩子好比呼吸之于人类。人活着不能不呼吸，孩子活着也不能不玩耍。"的确，人虽可以屏住呼吸，也可以抑制玩耍的欲望，但总有一刻，活着的本能会让人开口呼吸，玩耍同理。请回想，有多少次我们让孩子停止玩闹？他们的确能忍几分钟，但不一会儿他们就忍不住了，重新开始玩耍。这是因为他们无法控制自己不去玩耍。

我们这些成年人又是如何对待玩耍的呢？绝大多数人学会了强忍冲动。我们屏住呼吸，直到处于无意识的呼吸暂停状态。我们掌握了控制冲动的方法，却丢失了自然呼吸的节奏。事实上，比谁能憋气更久本来是个有趣的游戏，我们却再也不觉得它好玩。

还记得憋气游戏吗？是的，这也是个游戏呀！试试和家里人一起玩憋气游戏吧。你会看到孩子开心的脸蛋儿，这可是一个很好的契机。请快乐、幸福地大口呼吸吧！

岁月流逝，我们中的大多数人逐渐不会自然且放松地呼吸了，我们的呼吸难以与自己的情绪保持节奏一致。我们时常发现自己呼吸紊乱、急促，甚至陷入呼吸暂停的境地。

我想问大家一个问题：你希望自己的孩子处于什么样的呼吸状态？请勾选。

☐ 紊乱。
☐ 放松。
☐ 暂停。

想必大家都选择了"放松"。让孩子保持原状还是改变，一切都取决于我们。当我们调节呼吸，孩子将找回自我，与自己的本质建立联系，重新快活、自在地玩耍与生活，感受生而为人的自由。这是多么奇妙的事情呀！

或许你们会问："那么我该怎么做呢？"事实上，没有可遵循的既定公式，我们要走出自己的路。首先应当反省自我，带着爱、接纳与决心，根据自己的所需照料自己，脱离麻木状态，向我们想要的未来迈进。以此为起点，我们方能按照孩子需要的方式陪伴他们玩耍、生活。因为我们帮助孩子认识世界，他们以此为支撑，照见自己，不断进步，并不断变强。

在这个部分中，除去前文那个引起重视、帮助我们看待现实的比方，还有一些重要的问题有待探讨。厘清之后，方有可能让孩子实现不匆忙的玩耍。我将从两条主线展开去说：

1.那些影响不匆忙的玩耍的行为。

2.家长的陪伴。

我将以尊重与无条件之爱为出发点。准备好了吗？让我们深呼吸。

那些影响不匆忙的玩耍的因素

- 家长的目光。
- 孩子没时间、忙碌。
- 家长的控制、监督与过度保护。
- 家长的干预与指导。
- 家长的过度夸奖。
- 家长限制孩子的创造力与想象力，惩罚失误。
- 与自然断联。
- 与他人隔绝。
- 内疚感。

家长的目光

家长倾向于带着一种理智、审慎的分析性目光面对孩子，还总是怀有过高的期待与内疚感，将诸多责任强加于身。我们机械地活着，不懂如何于寻常中发掘不平凡，与生活之乐逐渐失联。我们面对的尽是忙碌、科技、各种"我必须"或"我应当"履行的义务。我们行色匆匆、肤浅、僵硬，难以沉浸于自发且快乐的玩耍之中，更别提与孩子的娱乐精神建立联系。

幸运的是，在与孩子携手走过的这段旅程中，好奇、感性、专注的目光被唤醒，我们有机会以一种新的视角去观察孩子求知的动力。我们乐在其中，同时，我们与玩耍之乐再次建立起联系。哪怕我们尚未投身于玩耍与游戏，请别担心，只要我们想做，并真的去做，一切都会实现。

　　家庭心理咨询师安吉拉·马蒂曾向我抛出一个问题，我此刻也想询问你们，因为它能帮助大家切换视角并获得追寻之物。问题是：如果你理解孩子玩耍的意义，明白玩耍体现了孩子对世界的真实理解，你对现实的看法会发生怎样的改变？我还想加一条：如果你理解孩子玩耍的意义，并明白玩耍是孩子的自我表达方式，你又会做出怎样的改变呢？请写下来。

　　请记住：你看待孩子的目光，便是他们感受到的目光，即使在玩耍时也是如此。

孩子没时间、忙碌

孩子本应拥有很多空闲时间。荒谬的是，他们往往没有足够的时间去做自己真正想做的事情，或者不匆忙地享受时光。自很小的时候起，孩子的日程表就被大人塞满，都是各种作业、课外活动、家庭聚会。此外，科技产品看似无所不能，实则剥夺了孩子的创造力与想象力，限制了孩子自发、自由地玩耍。

如果孩子没有时间不匆忙地玩耍，这意味着什么呢？

● 无法进入沉静的"心流"状态，无法发现自己的潜能与才华。

● 玩耍的意愿被限制。

● 阻碍玩耍进程。

● 阻碍孩子通过玩耍学习与成长。

为了更好地体会与感受上述内容，希望大家能像孩子一样，按自己的想法完成下面的图画。请拿出计时器和彩笔。计时 10 秒。请开始吧！

　　进展如何？或许你只是刚刚画了个草图，又或许你脑中一片空白。问题不大，因为我会再给你10秒。请你继续作画，时间结束前不得放弃。

　　注意：这本来是一个对儿童进行的实验，目的在于探究压力或时间不足是否会限制创造力。

　　第一张图与第二张图有区别吗？通过以上练习，我们直观地感受到足够的时间能够丰富思维。同样地，当孩子拥有足够的时间玩耍，他们便拥有了思考的时间，或在百无聊赖中感受心血来潮的机会。回想我们刚刚作画的场景，是不是有共通之处呢？

　　随着时间的推移，玩耍将如同种子一样，不匆忙地生长，最后长成一棵参天大树。身为家长，我们应当给予孩子足够的时间，让他们任凭自己的直觉、好奇与想法指引，进入自己的世界；让他们能够自己找到问题的解决方法，并在适宜的时机结束游戏。

　　既然我们已明白玩耍的重要性与时间的宝贵，此刻，我想请大家检查孩子的日程，思考哪些事是必须做的（因为有的事项的确不能更改），并有意识地创造让孩子每日玩耍的环境。孩子可以独自玩耍，也可以与朋友一同玩耍，或与家人一同玩耍。请在下方写出你想做出的改变。

> 请记住，十年方得树一木。

家长的控制、监督与过度保护

玩耍应当自由、自发与直接。请想象，当一个兴致勃勃的孩子听到以下言论，会有何感想？

> 你可以玩，但是别把自己弄脏。

> 去玩滑梯的话，你得从楼梯上去，不要直接爬上去。

> 花是这样画的，我教你。

> 你别走远。

> 不，那样不对，你得这样做。

对孩子的过度保护、控制与监督，只会折断孩子的羽翼，让他们变得依赖他人；会抑制他们独自探索世界的冲动，并且无法认为自己有能力、有热情、有价值；会否定他们追求快乐的态度，让他们难以从容地应对挑战，或接纳自己的不足。这都是因为家长害怕他们失败、犯错、受伤、心烦或不知所措。是期望吗？还是恐惧？这些又是谁的情绪呢？要知道，我们这样做，便是活生生地从他们身上夺走那些诸如热情、自知、自律、坚韧等美好品质。如果翻到本章的开头，看一眼那张有关"行动、思考、情感"的表格，我们就会发现，我们剥夺了孩子玩耍的权利。这的确不是我们的本意。让我们在心中铭记弗朗西斯科·托鲁西的这句话："与'玩耍'最搭配的动词是'允许'。"

我们允许孩子玩耍，便是给孩子空间，让他们完成一次次跟随内心的真实冒险，便是给孩子所需的那份来自家长的信任。于是，孩子放心地玩耍，尽情体验；与此同时，他们明白自身局限，不断地提高自己。我们必须知道，童年未曾尝试的一切，都将在青春期以其他形式弥补，甚至是以不合时宜的方式。毕竟青春期的孩子往往不清楚自己的能力与局限所在，还经常拒绝家长的帮助。

假使我们总是控制、监督与过度保护孩子，我们可以尝试改变交谈的重心，既表达我们的担忧，传达那些令我们感到忧心的信息，又要控制自己的情绪，承担为人父母的责任，始终怀抱对孩子的爱与信任。因此，前面出现的那些言论，我们不妨换个方式表达：

你可以玩，不过要注意，你穿着你最爱的外套。（然后深呼吸。）

"你是怎样画一朵花的呢？可以画给我看看吗？"（然后，你忍住了嘴边的话。）

"你如果换地方玩，要及时告诉我，好吗？这样我会更安心。"（然后，信任孩子就好。）

"我想看着你玩，这很有意思。"（然后，你任凭孩子玩耍。）

你做到了！你到了滑梯顶端！（然后，你如释重负。）

保持恰当的距离观察孩子的反应，既让自己感到安心，又能让孩子在一定的安全框架内自由玩耍。渐渐地，我们也将给予孩子更多肆意玩耍的空间、更多探索的可能性。

请记得，要相信孩子，放开双手，允许孩子玩耍。既要有安全感，又要有边界。

家长的干预与指导

我们中的许多人都有一种倾向，那便是干预或指导孩子玩耍。我就是个活生生的例子。从前我不知道，当我急于解释玩法与游戏规则，玩耍就变得毫无意义，也无法让孩子产生情感联结。系统性的干预行为甚至会彻底打消孩子不断探索、尝试、努力与超越的想法。于是，孩子与自我、与环境的联系日渐减弱，他们的学习能力、运动能力、平衡感与空间感的发展都将受到影响。可以说，孩子将迷失自我。

我们明明知道规则，却要旁观，这实属不易。当我们感受到干预与指导孩子的冲动时，便是我们停手的时候。我们必须铭记，孩子的一切行为都构成其玩耍、学习与成长的进程。那些我们想顺手帮忙的事情，是他们需要一一亲身经历的。这对他们的认知发展与全面成长弥足重要。

"我们想要"这一想法，使得我们在未经许可或未经询问的情况下，直接干预孩子玩耍。于是，往往会产生两种结果。

1.玩耍的主角变了。孩子不再是创造与进行游戏的角色，主导玩耍行为的人变成了我们。

2.玩耍的过程变了。我们有可能陷入上文提到的干预境地，或融入孩子的玩耍进程中。

这两种情况，大家是否觉得似曾相识？请擦亮双眼，下次想进行干预时，记得闭紧嘴巴，留出必要的时间抑制冲动。待在一边观察或等待被邀请或许是更好的选项。

> **请记得，闭紧嘴巴，三思而后行。**

家长的过度夸奖

玩耍是孩子自发的行为，本不需要过度夸奖。孩子并不是"为了他人"或"为了自己的团队"而玩耍。孩子的玩耍没有目的，没有预设的目标，他们只是单纯地享受过程。孩子并不是为了学习而玩耍，却能够在玩耍中学习。这或许是上天赐予孩子的最大奖赏吧！

当我们在孩子玩耍时过度夸奖他们，一方面，孩子的"心流"状态将被影响，他们的注意力会被分散，并失去与当下之事的联系（这也是变相的干预）；另一方面，反复而随意的夸奖会让孩子们误以为玩耍本应有一个可视化、可衡量的目标，他们需要获得认可。于是，他们的视线焦点将偏离真正重要之事，即玩耍本身，以及玩耍背后的坚持与努力。别忘了，孩子会修正自己的一切言行、思想与情绪，只为在家长身上找到认可，这是他们最大的心愿。

若是孩子把我们叫去，给我们展示他们的画或其他作品呢？其实，"真漂亮"和"真棒"之类的话，只是肯定了其结果。我们不妨试着用一种更加感性与尊重的目光去赞美孩子：

> 好厉害的塔！能搭出这么高的塔，想必你很自豪！

> 好有趣的画！快告诉我，你怎么想到画它的呢？

> 上周你跳绳可以连跳4个，现在你能跳16个，你进步啦！

当孩子听到上述夸奖，他们会有何感想呢？请在下方写出来。

请记得，自豪之情属于孩子。

家长限制孩子的创造力与想象力、惩罚失误

玩耍是纯粹的创造、想象与失误（我愿称之为新机遇）的集合，而孩子是游戏最灵巧、从容的驾驭者。这一点我们有目共睹。倘若家长带着成年人理性的冷峻目光，去限制孩子的想法，因孩子犯错而惩罚孩子，会发生什么呢？想象力与创造力的火苗会因此熄灭，或因家长的期待与苛求而摇曳不定。于是，孩子的玩耍偏离其初心，他们提心吊胆，害怕犯错，毫无安全感。这一点与过度夸奖孩子产生的影响类似。

创造力和想象力很容易受影响。因此，我们在陪伴子女的过程中，应当时刻注意，幻想与想象力是孩子"内心的真实反映"，是孩子构想出的概念，而错误是成年人的感知与判断。例如，孩子经历着怪兽带来的恐惧，无法轻易地回归理性。他们的心智成熟需要时间，也需要家长的尊重、共情与陪伴。另外，奇思妙想也是一种心灵游戏，是与创造力密切相关的巨大能量。家长不要过早干预，让孩子自由地幻想吧。倘若我们带着尊重之心，孩子的发展将会顺应自然，想象力与创造力也会始终陪伴他们成长。

为了加深理解，请回顾第三站中有关创造力和错误的内容。

请记得，要尊重孩子。

与自然断联

排得越来越满的日程剥夺了孩子与玩伴在自然环境中玩耍的机会。数年前，英国的一项研究发现，城市里的孩子在户外的时间比囚犯还少。许多其他的研究也得出了类似的结论。另外，许多教师发现，现在的孩子有越来越多的运动、情感与社交问题。

卡蒂亚·弗耶曳说："我们即自然。"我们需要通过与自然接触，去吸收养分，以获得发展。然而，我们居住在人类以生存与进化为名编造

的"人造环境"中。当下，我们的确能感受到环境的舒适。但问题在于，环境中的人造物多于自然物。这不仅会影响我们的健康，还会阻碍我们认知能力、社交能力的发展。

　　人处在家中或其他的封闭环境里，永远无法获得在自然中的体验。置身于大自然中，人的身体与自然的力量形成连接，自然之力注入我们体内。我们因此感到变得更自由、更真实、更鲜活了。倘若我们不去做些什么，让孩子拥有亲近自然、放下电子产品的机会，我们便是在限制他们成为完整的自我。

　　下面分析一下童年与自然的关系。请思考，是什么使得我们不让孩子体验自然蕴含的伟大的力量？为了找出原因，请大家完成下一页的练习。该练习以美国心灵导师拜伦·凯蒂的"功课"（也称转念作业）为灵感。请思索那些阻碍孩子亲近自然的原因，例如害怕、没有时间、危险、懒惰等。请写下来，并回答表格中对应的问题。

想法	那是真的吗？	你能确定那是百分之百真实的吗？	当你相信那个想法时，你感觉如何？你是怎样反应的？	没有那个想法时，你感觉如何？会做什么？	你能做什么来改变你的想法呢？
例：那很危险。	是的。	不是。	我感到害怕。于是我不让孩子玩，或限制孩子的活动范围。	我感觉放松。我放手让孩子去玩。	信任孩子，让孩子结伴而行。

设限的是我们的大脑。既然我们拥有转变想法的方法，不妨立刻行动吧。让我们拆除思想的樊篱，让孩子变得幸福吧。

请记得，我们即自然，我们需要与自然保持联系。

与他人隔绝

家长的担忧、紧张的日程、城市中并不好玩也不贴心的基础设施等，都让现在的孩子不再呼朋引伴，出门嬉戏，而是在家中一个人玩耍，或与兄弟姐妹消磨时光。当然，独自玩乐也好，不使用科技产品玩耍也好，与兄弟姐妹嬉戏也好，都是必要的。孩子需要与玩伴社交，学习如何创建规则、解决冲突、战胜挑战、尝试新游戏，以及与他人共情、向他人学习。

疫情期间，许多孩子在家中过得十分惬意，享受到难得的家庭时光。某项社会学研究的结果表明，除却家人，孩子最想念的是他们的玩伴。他们不想通过屏幕见到彼此，而是想在现实中相聚、玩耍。

人类是社会性动物，我们在社交中不断学习。孩子也需要与同龄人分享彼此的经历，取得进步。至于玩耍，我们在前文多次提及，一个人玩或和玩伴一起，产生的效果是大不相同的。

请记得，我们是社会性动物，我们需要玩伴。

内疚感

内疚这份不良情绪存在于诸多家庭内部。家长因为没有时间与孩子相处而内疚；因为没有按照理想的方式与外界达成和解而内疚；因为精疲力竭地回到家中，只想一头栽在沙发上且不受打扰而内疚；因为不得不在家中工作或线上办公，孩子只能独自玩耍而内疚；因为生活忙碌而买了加工食品而内疚；因为想躲在浴室里，享受无人打扰的时刻而内疚。想必大家还有许多不同的内疚时刻，对吗？

一般情况下，我们往往会采取相应的措施以补偿内心的内疚感。但有些时候，补偿行为只会适得其反，削弱我们与孩子的联系，或恶化他们与玩耍的关系。最典型的做法是，我们平白无故地送孩子玩具，或让他们玩好几个小时电子产品。但孩子根本不需要这样的对待，而我们也丝毫不清楚他们当下的兴趣是什么。于是，他们关在房间里，淹没在无聊的消遣中。

当你感到内疚时，请询问自己以下问题。请记得提前练习并消化，这样方能在需要的时候及时用上。请写下那些你想从中解脱的内疚之事，并真诚地回答对应的问题。

内疚类型	请试着（向你的伴侣或孩子）解释你的想法，会发生什么呢？	你当下、稍后能够做些什么，来缓和情况或满足需求？
例：我很疲惫，我想躺在沙发上。	希望他们理解我。希望他们能帮忙，例如准备晚饭、摆放餐具或提供安慰。	寻找休息的时间与空间，将职责与任务分配给伴侣或孩子，考虑优先事项，请求抚摸与亲近。

> **请记得，内疚的症状才是问题，内疚本身无可厚非，及时沟通需求即可。**

前文列举的这些影响不匆忙的玩耍的行为，姑且可归为一类。下面来看看家长陪伴孩子玩耍的重要性。

家长的陪伴

孩子玩耍需要家长陪伴。陪伴玩耍的意义是什么呢？倘若家长在过程中处于高位，这对孩子以及玩耍本身都毫无益处。这一点我们探讨过。

坦白而言，我花了许多时间思考与琢磨"陪伴"二字的意义，尤其是思索家长应当如何全面考虑，从而化身为孩子玩耍的引路人与促进者。家长要学会带着尊重与无条件的爱，去观察、感受与爱孩子的本质。现在就是最完美的时刻！

自翻开此书到现在为止，想必大家已然达成一种心理上的和谐状态。那些读过的书页，反映出我们与自我、与孩子建立联系的内在努力；那些做过的练习，让我们睁开双眼，找回自我。现在，请继续探索吧。让我们用简单的视角看待问题，尝试寻找人生问题的其他解法。

> **首先应当觉察的是，我们是孩子玩耍的引路人与促进者。**

"促进者"这个概念由美国人本主义心理学代表人物卡尔·罗杰斯提出。在我看来，成为孩子玩耍与教育之路上的促进者，便是摒弃评判与偏见，接纳孩子本来的样子，不将孩子的行为与其本质混为一谈；将他们视作有能力的个体，让他们把握自己的人生，解决自己的问题，但始终在他们需要的时候提供支持。

● 观察。观察是一种透过现象看本质的能力，是一种不带任何偏见，既能发现孩子的细微变化，又能以整体性思维看待孩子的能力。同样地，游戏也需要观察能力，我们要学会发现孩子在玩耍中的成就与进步。

在有意识的、脱离了干预主义的观察之路上，保持沉默与内心平静是你的两大法宝。请反复默念："这只是孩子的娱乐而已。我观察得越仔细，便越能理解孩子。而我越理解孩子，便越能产生共情，越能享受其中。"

● 感性与直觉。孩子玩耍时，感性与直觉将帮助我们察觉孩子的需求与情绪。

观察是否需要改变环境，以丰富孩子的玩耍内容。例如，改变家具的位置，打造更适合孩子自由玩耍的场所，创造新的游戏材料，等等。

● 积极影响。我们是孩子的支柱，是激励者；我们是孩子的榜样，是教育者。我们深知，在家长与孩子相互付出与接受的对话中，家长应当表现出真实的样子，摒弃对完美的苛求，以信任、尊重与联系为起点。

在孩子需要的时候，提供支持；当孩子感觉迷茫或打退堂鼓的时候，提出建设性的见解与反思性的问题，引导他们渡过难关；与孩子保持灵活与激励性的沟通，做他们的镜子，让他们相信自己。

在促进孩子玩耍（与教育）的过程中，我们要做到以下几点：

● 尊重孩子的个性。包括其成长的节奏与速度、想法、创造力等。总之，包括构成孩子个性的一切因素。

要明白，每个人都有自我，每个人所处的现实与经历的事都不相同。因此，记得闭上嘴巴，深呼吸，切莫将你的需求、恐惧情绪、挫折经历与孩子的事混为一谈。

● 真诚沟通。即照顾孩子玩耍的愿望，打造充满安全感与信任感的环境；必要时进行亲密而开放的沟通；创造畅所欲言的氛围，让孩子能够展露需求与情绪；设立边界与规则，让孩子明白，玩耍时另一方并未享受其中，或置他人于危险境地时，玩耍便失去了意义。

💡 家长与孩子共同制定的规则总是更易于理解与遵守；应当设立一致且合乎年龄的边界；沟通应当透明；当我们感受到玩耍中的过分行为时，要及时询问孩子与玩伴的感受。

● 主动倾听。家长不仅要关注孩子的言语，还要留心他们的表情、行为，与孩子建立心灵的联系，并抑制好为人师的冲动。

💡 首先，在给出建议与指导之前，请倾听与理解孩子正在向你传达的内容。可以进行开放式提问，让孩子找到游戏的解法，掌握玩耍与学习的主动权。

● 自我克制。家长要克制自己干预孩子玩耍行为的冲动；要保持耐心，享受孩子玩耍与释放自我的过程；同时，要富有感性，在合适的时机做适宜的事。

💡 请保持沉默，静静观察便好。当风险可控，你却意欲出手干预之时，请保持清醒并及时控制自己。你的自我克制为孩子寻找解决方案与新想法腾出了空间。倘若你认为很有必要做出指导，但尚不紧急之时，可以大胆地向孩子提出开放式问题。

● 对肢体语言保持敏感。家长要明白，身体同样会说话。人的面部表情、肢体的紧张程度透露的信息，远比言语传达的更多，因此要对肢体语言保持敏感。

💡 请尝试多观察你的身体与表情，学会控制它们，尤其是控制那些会对孩子的玩耍产生影响的肢体语言。哪怕是一个有些刻意的微笑，也能够让你的身体、你的头脑做好准备，让你采取更积极的态度。

● 沉默的力量。在沉默面前，我们往往感觉不悦，习惯下意识地用言语、回答、音乐等去填补无声的空白。我们必须知道，沉默是我们所处环境的一部分，也是玩耍空间的一部分。我们有能力提供，更应当允许其存在。宁静的环境有助于个体保持专注，与内心世界互联，以及进行思索。

💡 请认真思忖你的不悦，如果它真实存在的话，请反思玩耍的环境是否足够安静。如果足够安静，请倾听你内心的感受，并询问自己是否有必要打破沉默，还是选择放任情绪宣泄，去体验安静带来的另一番滋味。

● 信任与自由。我们应当深入地认识与了解孩子，掌握必要的信息，这有助于打造充满信任的氛围，让孩子享受表达。信任能赠予孩子联系感与安全感，孩子会感受到真实的自我，并活出自由之我。

💡 当你能够保持言、知、行一致，做真实的自己，信任便油然而生。

此前，我们了解、感受并反复思索那些影响孩子玩耍的行为，并提出了改进的建议。而在上文中，我们共同探讨了家长如何实现感性又富有联结的陪伴。为了更好地吸收知识，请完成下面的"上岸"练习。

请在下一页的两栏中，分别写下你注意到的三个影响孩子自由且不匆忙地玩耍的因素，以及你想具备的能帮助孩子玩耍的三个特质（例如耐心、不评判、陪伴）。请进行头脑风暴，在每一格内写下你的想法。准备好了吗？请开始！

那些影响孩子玩耍的因素	那些陪伴孩子玩耍所需的特质
第一点： 头脑风暴： 待尝试的想法： 日期：	第一点： 头脑风暴： 待尝试的想法： 日期：
第二点： 头脑风暴： 待尝试的想法： 日期：	第二点： 头脑风暴： 待尝试的想法： 日期：
第三点： 头脑风暴： 待尝试的想法： 日期：	第三点： 头脑风暴： 待尝试的想法： 日期：

接下来，请你每周（或自定周期）选择一个因素与一个特质，各自选出一个待尝试的想法，并写在对应的横线上。请注意记录尝试的开始时间，以便后期跟进。周期结束后，请自行检查并复盘。倘若没有奏效，请思考原因。如果能够找到改进点，可以再次尝试。当然，也可以选择其他方法。

当你发现你已经能够自如地应对你选择的方面，并掌握了想具备的特质，再去尝试其他方法。

在教育之路上，我们步履不停。带着孩童般的天真目光，我们目睹生命之奇妙，感叹人生之可能性。当我们以游戏的心态体验人生，我们便能享受当下的甜美果实，无须等待孩子开花、结果。

此刻，我们的旅途渐入尾声。我想与你们分享一些与孩子、伴侣一起，或独自玩耍的建议，供大家在日常生活中、在当下、在每个简单时刻从容运用。我想邀请你们体验我最爱的游戏，共同沉浸在这趟旅途中。"玩耍是理解事物本质的行为"，这是法国的一个自学成才的作曲家安德烈·斯特恩说的话。他通过童年时期培养的玩耍习惯，自行完成了所有的学业。是的，我也希望大家去玩耍、去体验，在每一类玩耍中理解某些学习过程的重要性。除此之外，我会根据不同的主题探讨一些更具体的玩耍概念。以下为我们将要涉及的主题：

● 为了彼此联系而玩耍。我们将了解对家庭联系至关重要的玩耍形式。另外，我们需要以联系、感性与快乐为起点，做到享受其中。这是一种态度。

● 在自然中玩耍。大自然是一个无可比拟的玩耍环境。我们在大自然中生长，并不断面临成长所需的必要挑战。

● 与科技产品玩耍。科技是当下我们难以绕开的话题。我们应当负起责任，明白科技产品不一定是打发无聊时光的工具。

为了彼此联系而玩耍

玩耍是自我的自由表达，是内心迸发的生命活力，是对快乐的自发追随，是贯穿童年及整个人生的需求。通过玩耍，孩子与世界建立联系，与家人、养育者或玩伴建立联系。在玩耍形成的双向关系中，孩子接触了不同的社会文化准则，也学到了不少社交技能。例如，他们开始懂得察言观色，与他人共情，或为了被他人接纳而调整自己的行为。

此刻，我想按下暂停按钮，只为强调一点：在与他人的交往中，并非所有的事情都能被视为游戏。这一点，想必我们在人际交往中已有所体会。当其中一方并不享受游戏，玩耍便失去了意义。在陪伴孩子的过程中，我们要让孩子懂得识别他人情绪上的微妙变化，这种变化有时以语言的形式呈现，有时以肢体语言的方式表达。我们还应让孩子明白他人的"不"意味着拒绝，及时停下玩耍才是正确的。不过，孩子会学习我们对待他们的方式、对待他人的方式，因为我们是他们的榜样。就这样，基于家长与他人的相处之道，以及自己在玩耍中形成的交往模式，孩子逐渐学会与周遭的人建立关系。是的，我们为了与他人建立联系而玩耍，在这种亲密的联系中，依恋关系也形成了。

在本节中，我将聚焦孩子与家长、家庭之间形成的联系。我将和你们共同探讨，如何让孩子在玩耍中寻得与他人真诚交流（互相付出与接受）的方式，以及如何创造让孩子感觉安全、快乐、被完全接纳的环境。在这种环境里，孩子会感觉自己被无条件地爱着。

玩耍是奇妙的，它编织出的情感联系能够让种子扎根，能够化为大树稳固、扎实的根。有一类"联系游戏"便有如此魔力，进行此类游戏能够为个人与家庭的和谐幸福奠定必要的基础。

那么，我们来聊聊此类在家庭中玩耍的游戏吧。瑞士心理学家阿莱莎·J.苏尔泰（专业领域是依恋、创伤与非惩罚性纪律）在其著作《亲子依恋游戏》中将这种游戏称作"依恋游戏"。我完全赞成这位心理学家对此类游戏的概括，故与大家分享、讨论。

● 能够加强与孩子的联系。通过这种游戏，我们真诚而温柔地接近孩子，也接近自己、发现真实的自己，同时营造充满安全感的氛围。

● 往往令人开怀。游戏时，每个人绽放真切的笑容。孩子明白，我们并非嘲笑他们，而是在与他们共同欢笑。苏尔泰曾在书中阐释这一点，而就这一点达成共识，对避免不必要的不快十分重要。因此，我们需要激活感性，区分真诚的与虚假的笑。毕竟，既有发自真心的笑，也有不情愿的笑，是硬挤出来的生理反应。例如，挠孩子痒痒或家长为了缓和气氛而开孩子的玩笑，就算情绪不佳，孩子还是得笑脸相迎；家长让孩子在旁人面前出丑，孩子只得尴尬地笑；家长开玩笑地吓唬孩子，孩子却真的受到惊吓，只能讪讪地笑。以上例子都不是孩子发自内心的笑。我们应当懂得识别、接受与理解孩子，并及时停止不当行为。以打趣的形式建立联系，我并不提倡。

● 任何家庭成员都可以开始。这类游戏是开放、共享的，任何人都可以参与或中途加入。同样地，有人选择退出时，我们应该接受与尊重，因为玩耍是自愿的行为。

● 不需要专门的设备或材料。与自由的玩耍类似，此类游戏唯一需要的便是参与者的玩耍愿望。我们可以在周围的环境中或其他地方寻找锦上添花的元素，但须知它们不是必需的。

● 可以随时随地开始。是的，在我们想共同玩耍的时候，游戏即可开始。这是一件无比美妙的事情，因为我们可以随时满足玩耍的愿望。

● 它们是普通、平凡的。请默念"心灵咒语"："不要轻视那些细微的瞬间，其中承载着伟大的记忆。"例如那些平凡的亲子时光、那些日常生活中的简单依恋游戏。我们现在与孩子玩的一些传统游戏，有些是我们自创的，有些则源于我们童年的经历。

在后文中我会提到，此类游戏也应不匆忙地进行。为了能让所有参与其中的人感觉快乐，享受其中，这类游戏还应具备以下特质：

● 让人非常想玩。也就是说，游戏态度是关键。此类游戏是心灵的良药，如果我们怀着对玩耍的真切向往，秉承追随快乐的态度，便会种下爱的种子，生出健壮的根系。

有时，我开玩笑地想，孩子真是天性敏感，因为他们能够发现家长对游戏缺乏兴致，好比一个过敏患者能轻易地感知到环境中的一丁点儿尘土。他们心知肚明，并且会实施相应的行动——如果我们传达不当，我们越没有兴致，他们越会央求我们。因此，倘若我们兴致平平，请带着爱与尊重，真诚地告知孩子，例如"谢谢你邀请我，但我现在真的不太想玩。如果你愿意，让我在你身边看着你玩吧"。对孩子而言，学会尊重他人、倾听他人的需求，也是非常有益的事。不过，我们要提高警惕，要避免反复的、长期性的拒绝。倘若确有此事，请及时反省。一时不想玩耍是正常的，但如果从不玩耍，不利于创造健康、安全、稳固的联系。请在日常生活中多加留心。有许多简单的时刻，虽然未被我们冠以"玩耍"之名，但它们的确是玩耍的时刻。

让我们再聊回游戏心态，这是本节的重中之重。正如那句经典语录所说的："当你变好了，你身边的一切也会变好。"是的，当我们怀着游戏心态，那么所谓的亲子依恋游戏也好，生命中的其他时刻也好，都将增进我们与孩子的联系。因为游戏心态是一种奇妙、鲜活、热烈的情感状态。它具有强大的感染力，能够让紧张的气氛变得舒缓，让人变得开朗、乐观、富有同理心。

什么是游戏心态呢？我想这样回答：

> 游戏心态是，
> 以热情和激情开启一天，
> 带着惊讶之情，喝下两杯好奇心，
> 身披幻想，脚踏创造力。
>
> 是种下美丽，
> 探索奥秘，
> 用勇气浇灌挑战，
> 沾上快乐的泥巴，
> 最后收获智慧。
>
> 是与可能性紧紧相拥，
> 让它跟随你的开创精神摇摆，
> 让它随心所欲地微蜷身躯，
> 而后带着孩童目光进入"心流"状态。
>
> 游戏心态，
> 是享受，
> 是用你自己的玩法享受生活。

　　下面，让我们从阅读的惯性与逻辑中抽离，脱离严肃的氛围，进行一个文字游戏。我们将用一种新鲜的眼光看待寻常之事，并注入玩耍带来的惊喜、热情与最重要的能量——快乐。只有我们与孩子同频，与他们感同身受（相当于我们和自己的本质建立联系），玩耍时刻的好奇心与自发之乐才能真正迸发。以下活动与其说是个游戏，不如将其看作一种生活方式——与生命的能量相连。

　　　　下方的螺旋象征着成长。请阅读诗句中标记的字眼，感受它们，与它们建立连接。之后请将它们写在螺旋周围。要相信，我们每个人都能敞开心扉，行动起来，走出舒适圈，唤醒自己的游戏心态。

　　　　不必着急，你将创造出属于你自己的快乐螺旋。我写下了第一个词语"态度"，接下来就交给你们。

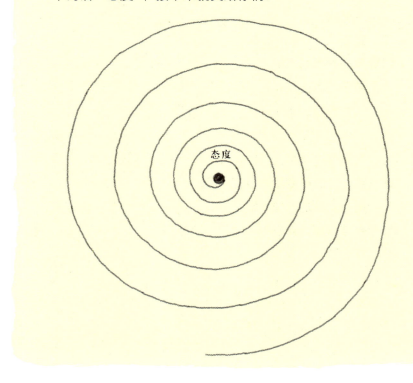

每天都有很多事情等待我们发现、探索与思考，让我们满怀激情与热情地开启清晨；让我们玩转创造力与不确定性，将每一次挑战视作等待解开的谜题，带着勇气与快乐去揭开谜底；让我们精准发力，感受到自己的能力。

总之，游戏心态是一种能力，是无论何时何地都能乐观、激情地看待生活的能力，是凭足够的智慧活出人生每一步的价值，且不管情况如何都能享受其中的能力。

在我看来，游戏心态的最佳范本莫过于电影《美丽人生》中的主角圭多。这部电影是意大利导演罗伯托·贝尼尼的作品，讲述了在纳粹集中营中，圭多出于对家人的爱，用自己的生命为儿子编织了一场游戏的故事。这便是以童真目光看世界的魔力！阿根廷音乐家、喜剧演员与作家路易斯·佩谢提曾建议，不妨将我们的子女当作"火星人"，而非"孩子"。为了让家长与孩子感同身受，他还提出了这样一个问题："假如你是个火星人，你需要的是什么？"

　　以路易斯·佩谢提的问题为基础，我想问大家另一个问题：如果你是火星人的孩子，你需要父母拥有哪些特质呢？

　　请大家参照下方表格中收录的关于游戏心态的字眼，给出真诚的回答。

　　此刻，你想激活你的游戏心态，你需要哪些特质？请给对应的字眼涂色。

态度	激情	热情	好奇心
惊奇	幻想	创造	奥秘
挑战	勇气	可能性	智慧
快乐	享受	美丽	开创精神
随心所欲		孩童目光	

我还要问另一个问题：如果你只是一个普通的家长，是什么阻碍你拥有游戏心态呢？

☐ 我没有时间。

☐ 我不知道该怎么做。

☐ 我不知道从哪里开始。

☐ 我害怕出丑。

☐ 我不觉得这很重要。

☐ 其他 _____

　　若你想拥有游戏心态，需要做什么呢？

☐ 每周留出一段私密时间，用于照顾与宠爱自己。

☐ 去尝试那些想做却没做的事情。

☐ 允许自己去玩耍，放下"焦虑"，随心流动。

☐ 与孩子沟通，让他们给我灵感与帮助。

☐ 求助专业人士。

☐ 其他 _____

　　来吧，激活游戏心态吧！想必此刻的你思路更加清晰，知道自己需要什么，以及从哪里开始。

　　也许大家只是想稍做了解，以便更好地和孩子一同玩耍。那为什么我执意要提出整个游戏心态的框架呢？这是因为多年前我发现，孩子内心需要的家长是快乐的、幸福的、热情的、乐观的。纯粹的生活需要热情。然而，来自家长的担忧、期待、苛求让他们感到窒息。请注意，这并不意味着我们不能生气、抗议或表达我们的需求。其实，重要的是态度——要保持放松的态度，例如面对孩子的错误总有不同的解决办法、送孩子上学的路上驻足观看蚂蚁搬家、给孩子读故事的时候与他们一起开怀大笑。当然，拥有这种态度需要时间，也需要练习。

　　正是家长与孩子在玩耍时的同频，使得游戏成为恒久的纽带，成为扎根于土地的根系。而在这种同频内部，拥有无数关于爱、尊重与认可的共同回忆。一方面，我们承认真实的自己，另一方面，基于感性、联结与快乐，我们意欲与孩子分享生活。这一切我们的孩子都能体会到。

为了更好地与孩子玩耍，并与他们建立联系，我们要：

● 激活游戏心态（前文已经做过相关探讨）。

● 将导致分心或阻碍我们享受当下的电子产品放到一边。

● 全心投入玩耍，进入"心流"状态。

● 当你的脑海中浮现出各种与责任、期待、目的、完美主义、偏见和内疚有关的字眼，请告诉自己，这是人生赠予你和家人的探险之旅，去感受当下才好。不妨像个英勇的水手那样，大声呼喊"上船"吧！

> "有情绪方能产生连接，倘若没有情绪，那么便不会有连接。"因此，请问问自己，当你准备去玩耍时，什么样的情绪占据了你的心？因为这会决定你与孩子建立的感情的深度。

倘若我们迷失了方向，那就停下来休整，让真正的水手——我们的孩子——给我们指引方向。他们将抛下救生圈，避免我们被成年人的严肃视角淹没，让我们的真我浮现。当我们重整旗鼓，重新开启人生游戏，请一同向前冲吧！既要采纳孩子的玩耍想法，又要积极地提出自己的建议，就这样沉浸在"心流"中吧！对了，为了让大家能够在迷茫时感到安全，下面会提供一些关于游戏的想法，供大家尝试。

亲子依恋游戏建议

此类游戏的重点有二，一是态度，二是单纯、自发的动机。倘若无法做到这两点，也不必忧虑，只要多加练习，同时提高主观能动性，我们便能日渐达到理想状态。接下来，让我们一同看看那些可以在家里尝试的趣味游戏吧！

● **肢体游戏。**身体的所有部位都能够为我们所用，例如脸、手、脚、后背、肚子等。重点是我们想玩什么，孩子的年龄有多大。这个游戏的奇妙之处在于我们能够随时随地开始，不用担心任何物质消耗。

可以尝试的方法：

脸：吐舌头；制造声音；睁开与闭上双眼；做鬼脸；用嘴唇模仿小鱼；卷舌头并让孩子模仿；用手遮住脸，放下手的时候改变表情。

手：在孩子的脸旁轻轻舞动双手；轻拍；数手指，并停在某根手指上；把手放在另一个人的手上。

腿：让孩子沿自己的腿往上爬；把孩子的脚放在自己的脚上，并带着他们走路或跳舞；把腿平放在床上，架成桥；把双腿抬起来并保持平衡，呈飞机状；把坐垫放在脚上且不让它掉落，看看谁能坚持得更久。

后背：用手掌轻抚或按摩后背；用手指在孩子的后背上写字，让孩子猜是什么字；把后背当作钢琴，用手指弹奏。

肚子：亲吻、轻抚或按摩肚子；挠肚子；在肚子上画画。

● **想象游戏。**玩此类游戏时，我们沉浸在自己或孩子想象的世界中。前文我们探讨过的象征性游戏、讲故事都算想象游戏。

可以尝试的方法：

象征性游戏：家长扮演需要被照料的婴儿；下雨时为婴儿推车装雨披，把它想象成宇宙飞船（特别是孩子抗拒雨披时）；模仿骏马奔腾的模样；像侦探一样巡视街道；模仿不可阻挡的骑士。

叙述故事：讲我们小时候的故事；以第三方视角讲述自己或孩子做过的事情；增添虚构人物，让故事变得更魔幻；手舞足蹈地讲故事；把手当作木偶；边讲故事边作画；根据熟悉的旋律把要完成的任务编成歌谣唱出来（例如上床睡觉、刷牙等）；玩传话游戏。

● **搞笑游戏**。这类游戏引人发笑，不必合乎逻辑，其精髓在于自然发生，不必做任何准备。玩耍时，我们跟随古灵精怪的想法，或互换角色，或运用身体，最后把眼泪都笑出来。

可以尝试的方法：把鼻子想象成小号并演奏；根据所在的环境模仿不同动物的声音；只要有人说触发词就变成木头人；所做的与所说的相反（例如听到"不要把左手举起来"，就立即把左手举起来）；顶着假发或变装出现在厨房里、穿着伴侣或孩子的衣服出门；唱歌的时候把牙刷当作麦克风；用诗句回答问题；吃甜点前来一场猜谜活动。

● **运动游戏**。此类游戏调动全身，能够消除压力、注入能量。要始终在安全的环境中玩耍，注意设置与遵守规则。

可以尝试的方法：枕头对抗大战，可以以多对一的方式进行；力量对决，只能使用手臂互推，比比谁能先让对方向后倒；捉迷藏；跳上床；捉人游戏；障碍赛。

● **平行游戏**。每个人静静地玩手头的游戏，同时保持对话，例如做手工。当我们一边做手工，一边思索并聊天时，我们的思维能够得到锻炼，同时还与心灵达成了互联。这是我们深刻认识与教育自我的绝佳契机。

可以尝试的话题：聊聊白天发生的事情；问问孩子最喜欢的学科；聊聊亲子关系、爱；边听边分析孩子最爱的歌曲的歌词；思考歌词的另一种表达方式等。

除了上面列出的游戏，想必大家还想到了诸多童年玩过的类似游戏。请不要忘记那些游戏，它们能够创造美好的依恋关系。请注意以下两点：

1.孩子最想做的事是能与父母一同玩耍，而非事事完美。

2.由家人共同打造的游戏独一无二，且能创造恒久的亲密联系。世上没有比这个更好的游戏。

为了避免遗忘，请将那些未被前文提及的游戏记录在下方，未来可以与孩子一起尝试。

_____

_____

_____

_____

_____

在自然中玩耍

在前文谈及运动、玩耍与娱乐需求时，我曾提到，能完全满足孩子此类需求的环境并非刻意打造的。它看似不完美，却是最完美的，提供了丰富且千变万化的玩乐土壤，适合进行各种难度的挑战。在这个平衡、和谐的感官世界中，每个人都能按照自己的方式和节奏与其亲近。

这个有容乃大的环境便是大自然。在大自然中，成长不必匆忙，它将适应每个身处其中的个体的节奏。万物构成一个整体，演奏出完美的交响乐。聆听之人可根据自己的需要与成长阶段，自行享受无比美妙的感官体验。另外，大自然不会施加偏见与惩罚，它只会无条件地接纳众生。

观察孩子在大自然中的玩耍，我们会发现，大自然给每个孩子都提供了适宜的玩乐空间，不论是蹒跚学步的婴儿、已能攀爬上树的小孩，还是渴望摆脱父母监管，去大自然中探险的少年。大自然里什么都有，什么挑战都能提供，只要玩耍者投入其中，不断唤醒自身的好奇心。这对于人的全面发展至关重要。

危险意识阻碍我们与大自然形成健康的联系。危险带来的恐慌情绪往往使得家长不让孩子与自然亲近。为了解决这一问题，我们可以借鉴拜伦·凯蒂的"功课"理念框架下的一系列设问，这些都在前文探讨过，借此机会再提一次，因为合理的危险意识是必要的。为了更好地厘清这一概念，我姑且借用卡蒂亚·弗耶叟的定义："危险是一种伤害性可控的潜在风险。"

为何说危险意识是必要的呢？因为人一生中总会遇到危险，这与我们是否置身野外关系不大。我们应当懂得采取能将伤害降到最低的解决方式。当我们暴露在合理的危险中，我们的解决能力将得到最大限度的锻炼。而在大自然中，我们能够体验到的风险是温和、渐进的。不过，有些注意事项我们应当弄清楚：

- 提供让孩子接触危险的可能性。
- 认识危险标识。
- 清楚孩子的能力与局限所在。
- 能够找到解决方案并调整行为，把危害降到最低。
- 能够从经历中吸取教训，从错误中学习。
- 监督而不控制。

攀爬岩石、爬树、跑下山坡、跳跃着穿过溪流、藏身于灌木丛中、在岩石上跳来跳去、用树枝搭建茅草屋……这些活动暗含的危险是合理的，孩子应当在不同的年龄段逐一体验。这期间，孩子将不断地接受挑战，逐渐学会控制与弱化风险。孩子将懂得：

- 认识自己。认识自己的能力与局限之处，明白怎样做风险最低，并从风险中获得安全感与信心。例如，知道靠自己能爬到树上的什么位置、知道自己骑自行车下坡时的速度能达到多少等。
- 自我调节。明白自己的需求，选择温和、渐进的体验方式。例如荡秋千的时候握紧秋千绳、在石头上来回跳、从秋千上跳到地上、在河里洗澡等。
- 情绪管理。在大自然中，孩子直面诸多情感，诸如自由感、责任感、脆弱感、恐惧感；他们逐渐学会调节情绪，超越恐惧，并对自己的收获与进步感到自豪。例如，在没有大人监管的情况下在街上行走、赤脚进入水中、在未知的土地上探险、从高处跳下等。
- 增强运动能力。孩子的运动能力将得到锻炼与发展，这些对于发展运动技巧、形成可靠的运动掌控能力极为必要。例如，爬树时把握尺度，避免摔下去；玩滑板时合理分配重心，保持平衡。

● 让自然资源为自己所用。孩子凭借自己的智慧，在大自然中满足自己的玩耍愿望，解决面临的挑战，并不断思考创新的解决方法。

大自然为我们提供探索人生奥秘的机会，让我们看见自己的可能性，从而无比相信自己的能力。大自然从不评判，而是任由我们根据自己的需要，反复地尝试与体验。在自然中，我们或坐在桥边向水里丢石头、树叶，或尝试爬树而不失去平衡，或穿越溪流而不落入水中，或平稳地在斜坡上爬上爬下，或让树叶在水中漂流而不沉没，或捕捉蚯蚓。在重复的行为中，我们完善运动能力，调节情绪，获得资源，并实现不限于认知层面的成长。

因此，当遇到让我们紧绷神经，孩子无法在自然中玩耍的情形时，请认真思索那些恐惧情绪是否真实，是否有缓解的可能。希望下面的建议能对大家有所启示：

● 投入时间了解孩子，发现他们的潜质与能力。

● 信任孩子，逐渐给予他们所需的自由，让他们感觉自己有能力、有责任、有分寸。

● 教会孩子辨认自然中的危险征兆（在城市里也要教他们识别危险标志）。要传播知识而非恐惧情绪。例如帮助他们分辨荨麻草和能解荨麻蜇毒的植物、认识那些应当远离的动植物、学会利用天然标识辨别方向等。

当身为家长的我们提供必要的陪伴，相信孩子，尊重孩子的需求与节奏，他们将学会凭直觉去感知自己的存在。因此，在面临可承担的风险时，孩子将保持警惕，既相信自己，又明白自己是受环境制约的。至于我们，则可以在远处欣赏孩子鲜活、自由、快乐的样子。

请留出时间吧！让我们去户外享受自然，去发现我们与自然相处的方式。我们必须知道，孩子体验自然的最佳方式便是自由、自发地玩耍，这将完美地满足孩子的运动、玩耍与娱乐需求。接下来，我会列出一些有关外出游玩与亲近山水的建议。

有关在自然中玩耍的建议

下面列举的许多游戏我们可能都尝试过，它们适用于不同的场景，其中能为我们所用的自然资源也不尽相同。我们可以提议与孩子共同玩耍，或留出空间让孩子自行探索。另外，在户外玩耍时要注意气候（准备合适的衣物、做好防晒），并保证有水源。天气不好或寒冷的时候我们可以加衣服或不出门，但倘若只是下了点儿小雨，那并不是待在家里的借口。事实上，小雨也可怡情，下文我也会提到。

● 在街道上玩耍。城市与乡村的道路并不相同，家长对此秉持的态度与恐惧感也不一样。不过，仍然有许多值得孩子与玩伴或家人尝试的玩法，只要多留心即可。

环境：广场、公园或城市花园都是运动的理想户外场地，可以玩团队游戏、在树干下聊天、观察树木、聆听鸟叫、看天上的云……公园中往往有娱乐设施。让孩子自行选择、探索，因为他们的思维方式与成年人不同，例如他们会从滑梯下方往上爬，而不是走楼梯。有时候，可以让他们玩追逐游戏、捉迷藏、沿着路牙或路上的线条行走并保持平衡、利用环境中的元素与地势制作障碍圈等。

携带物品：在沙滩上或公园里玩水时，铲子、桶或其他容器都是极好的。绳子也是个不错的选择，孩子可以把绳子绑在树上并拉着它向上爬，看看自己能爬多高；可以用来跳绳，做各式各样的动作；可以当作捆绑木棍，建造茅屋的材料。跳皮筋也是一种有意思的团体游戏，能让大人重返童年。粉笔可以用来在地上画画、玩跳房子游戏、玩井字游戏、玩踢球游戏（用粉笔画足球场，把瓶盖或石头当球踢）等。

● 在沙滩上玩耍。沙滩是丰富的刺激源，可以提供适宜各个年龄段与各种需求的诸多玩耍选项。

环境：可以让岸边的浪花拍打自己，在浪花中屹立不倒、跳跃、冲撞或破浪前行，或在岸边打水漂等；可以用手指或树枝在沙滩上写字，然后让海浪冲刷掉；可以用沙子堆人像、堆城堡、搭建带水渠的城市与人工泳池；可以把脚或整个身体埋进沙子里，在沙子里滚来滚去，再去水里冲洗干净；把沙子攥成球，丢进海里或当沙包；在沙滩上跳高、跑步或寻找宝物，并用宝物装饰搭建的城堡；用石头和贝壳玩井字游戏，让别人趴在毛巾上并用石头装饰对方的后背（注意石头的温度，有的很烫）；堆石头，让它们不倒下等。

携带物品：可以拿铲子挖井或搭建其他复杂的建筑；带上桶等容器玩移动物品的游戏，或测试我们找到的宝贝会不会漂浮在水面上；把毛巾搭在脖子上当斗篷；在不同的场景中，球、飞盘、飞镖、风筝都是有趣的备选物品。

● 在山上或田野中玩耍。环境的多样意味着可玩的东西很多，因此要善于利用环境为我们提供丰富的体验，充分享受其中。

环境：爬树、攀岩、登山；跑下山；在浅水里漫步、探索；搭桥以穿越河流；比较石头与树枝漂流的速度；用木棍搭棚子；用石头写字；藏东西并留下线索；扮演导游，带领大家发现新路线；根据途中所遇之物讲故事；用树枝做魔杖或武器；用花朵做王冠或手镯；收集花朵、果实、树叶；在树木中寻找脸或字母的形状；用地上的石子、树枝创作脸的样子；停下来感受耳朵听到的声音、鼻子嗅到的气味；看天、星星和树冠；看看能把树枝丢多远（当然要确保前方无人）。

手头物品：列一张写有所需物品的清单，开始一次寻宝之旅

（是长途跋涉时的理想选择）；在白纸上用铅笔画不同的形状，给石头涂各种颜色或在石头上画故事；用绳子搭桥过河、运送沉重的树枝、做滑轮、配上树叶做织品等；用放大镜观察昆虫；甚至可以带上小刀，在家长必要的监督下，让孩子给木棍削皮并雕刻成魔杖。

事实上，并不需要带太多东西，大自然里什么都有。这与孩子的玩耍需求多么匹配呀！在孩子手中，自然界的每一个元素都能变成他们需要的东西，只要让想象力驰骋即可。一根小木棍可以变成一把剑、一根长矛、一匹马，或家里的一个物品。

下面让我们打开另一扇窗户，去看看哪些自然元素能够作为玩耍的对象，或能够带回家中欣赏。先谈谈自然中最纯正的四元素。

水：

液态：把手伸入河中，用手指搅动泥坑里的水并看淤泥化开时形成的图案，观察水如何在指缝间溜走并尝试拦挡，跳过水坑并欣赏溅起的水滴。让孩子用水管、大勺子、漏斗、瓶子、茶壶或金属咖啡壶等物品玩水。也可以加入树叶或果实，让孩子做饮料或汤。孩子可以用手指蘸水，在地上写字，观察水痕的停留与日光下奇妙的蒸发。雨水也可以用来玩乐，孩子可以在雨中跳舞，披着床单跑出去，听雨滴掉落在床单上的声音，通过窗户看雨，看玻璃上的雨滴如何聚集、滑落等。

固态：看雪落；欣赏雪花；捏雪球；堆雪人；打雪仗；躺在雪地里，用托盘把雪装回家，和其他玩具一起组成"迷你世界"；拿雪做实验（在上面放盐或加了颜料的热水）。做冰块也是个选择，有很多种玩法，如加入颜料做出彩色冰块。

土（沙）：

倘若在土里加一点儿水，就变成了弗朗西斯科·托鲁西所说的"不值一钱却无所不能"的黏土，它们可以做成球、蛋糕，孩子将看到自己如何玩转现实。就让孩子玩泥巴吧，让他们用泥做面团、蛋糕或魔法药水。让我们拭目以待，看看他们会用什么样的材料装点作品。孩子还可以投掷泥球，也可以直接在地上搭建筑，建造城市，或直接在平底容器里放大量的土或沙，并提供筛子、漏斗、勺子等不同大小的工具，让孩子自行体验并探索玩法，甚至用泥捏小人儿，放进孩子搭建的"迷你世界"里。

空气：

人们往往认为空气的可玩性不强。其实，只要擦亮双眼，多些游戏心态，我们将醉心于树叶在漩涡中飘舞的美，欣赏花瓣与树叶如雨般落下，观察叶子在空中飞舞，观察云朵的变化与树冠的摇摆。我们也可以顺着风跳跃、迎着风奔跑；可以放风筝、玩风车、玩彩带；还可以拿着袋子奔跑，看袋子填满空气后会不会飞起来（最后要将袋子捡起来）。当然，还可以吹泡泡，或在空中抓泡泡。玩气球也可以，我们可以看看怎么让气球不落地。

火：

对孩子而言，火是最复杂、最有诱惑力的元素。可以让孩子从观察蜡烛、壁炉或篝火的火苗开始，但必须始终在场陪同。然后，可以让孩子将手靠近，感受温度，看火焰起舞与火苗的色差。孩子将沉浸于一场魔法，感受到美。另外，还可以让孩子学习吹蜡烛、点燃蜡烛、制作和装饰蜡烛，或者尝试点燃壁炉里的火。先收集必要的材料，再学习放置的顺序，将火点燃后保持火焰旺盛，再欣赏它如何熄灭。另一方面，也可以与孩子一同烹饪，让孩子动手尝试，但必须始终在场监督，并科普安全常识。还可以用放大镜生火，或用石头与树枝摩擦生火。倘若是在户外生火，一定要远离易燃物品，且周边要有石头或土地，还需要准备一桶水。

大自然馈赠我们的元素，除了上述所说的外，还有树叶、树枝、石头、果实、花朵等。一年四季，大自然都会给所有人以感官享受。无论是孩子还是成年人，都可以在大自然中不断地探索与创新，并创造自己所需的幻想世界。我们可以在家中收集这些元素，记录与享受玩耍的过程，最后收集、整理，这也是一种创新的玩耍形式。在家里，我建议将这些元素放在触手可及的容器中，便于孩子独自取用，或在需要的时候与其他玩具、材料搭配玩耍。

与自然互动的过程，也是传递价值观的契机。孩子将学会尊重与保护自然，多利用唾手可得的自然元素，不破坏生态环境。

请记住，在大自然中，脏了可以洗净，湿了可以晒干。就让孩子自行评估风险，看见自己的机会与能力吧。你后退一步，将造就孩子伟大的进步。

和科技产品玩耍

我承认，科技既让我忧心忡忡，又占据了我生命中的各个角落。我担忧科技对所有人的巨大诱惑，这种诱惑与年龄无关。多年前，许多专家研究孩子的玩耍时间，发现自某个年龄开始，孩子在家中、户外及自然中玩耍的时间，逐渐让渡给了电子游戏。

令我担心的是，与教会孩子社交准则和安全规则相比，数字教育同样十分重要。与所有的家长一样，我在家里也需要与科技斗智斗勇：与孩子共同制定规则、设定与保持边界等。我希望能够让孩子学会一种合理、负责且尽可能健康的使用方式，毕竟眼下科技产品在千家万户中无处不在。

在当今社会中，孩子被定义为"数字原住民"。我们应当清楚地知道科技的重要性以及其意味着的责任。

我们的讨论范畴主要涉及科技玩具与互联网设备这两种形式。科技玩具包括会说话、发光、发声与移动的玩具，而互联网设备则指手机、平板、电脑、电子游戏机等。

关于科技玩具，我的态度是，倘若玩具产生的效果孩子靠自己无法创造，那么便可以拥有，反之则无必要。玩耍者本身的创造力与想象力才是最重要的。这也反映出玩耍材料不必一应俱全，而是要能激发孩子的灵感，让孩子自行想象其缺失部分。

我真正想聚焦的是那些互联网设备，毕竟互联网是个包罗万象的世界。因此，应当形成广泛而清醒的共识。首先要明白，家长的责任与义务在于陪伴孩子在虚拟的世界中达成渐进而不匆忙的学习，始终记得孩子需要与现实世界保持直接、紧密的接触。我们必须知道，在一个不促进自然发育的环境中花费过多时间，势必导致孩子发育紊乱，这一点我们在书中已经数次提及。另外，孩子的运动需求将无法得到满足，社会文化互动也将受到限制。

2018年，西班牙传媒研究协会（AIMC）进行了关于"西班牙6~13岁孩子与传媒、科技的关系"的研究。研究结果表明，孩子平均每天在电子屏幕前度过5个小时（周末时长更长）。为了便于理解，我对孩子一天中的各项活动时长做了可视化展示。

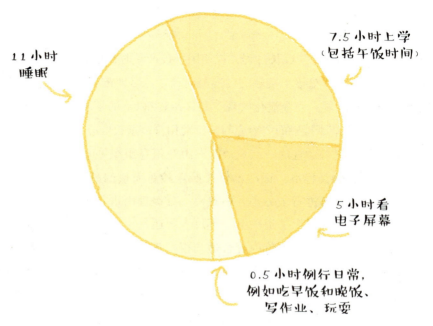

11 小时
睡眠

7.5 小时上学
（包括午饭时间）

5 小时看
电子屏幕

0.5 小时例行日常，
例如吃早饭和晚饭、
写作业、玩耍

　　根据世界卫生组织的建议，在一天有24小时的情况下，孩子应当拥有平均11小时的睡眠时间、7.5小时的上学时间（包括午饭时间）。倘若再加上孩子每天在电子屏幕前度过的5个小时，那么这些6~13岁的孩子每天只有半小时用来吃早饭和晚饭、写作业、玩耍。难道这些例行日常中有一部分是在电子屏幕前完成的？

　　我引用这份研究，旨在以可视的方式传递现实，引起重视，提醒家长在给孩子提供此类玩耍方式时多些谨慎。另外，现实中孩子开始接触科技产品的时间，往往早于研究中设定的年龄。

　　接下来，请允许我分享两条对我行之有效的"心灵咒语"。它们让我在两个需求间达成平衡：一是孩子对科技产品的"虚假"需求，二是家长给孩子提供不匆忙的陪伴的需求。

　　● 由少至多。

　　● 无聊胜过科技产品。

由少至多

如同孩子的学习与成长过程，在使用科技产品时，也应当遵循由少至多的原则，不断调整孩子接触的内容与时长，务必匹配每个孩子的性格、敏感度与成长阶段。当今流行的观点是，2~3岁以下的孩子不能接触科技产品。3岁以上孩子接触的内容应与其年龄相符，家长也应当在场陪同。

关于内容应当适宜这一点，泛欧洲游戏信息组织（PEGI）和常识媒体机构提供了分类标准。标准不仅按照年龄对大量的游戏、应用程序、电视节目和电影等进行了分类，还对每一分级理由进行了描述，这可以作为我们筛选内容的第一道关卡。不过，我还是主张基于对自己孩子的个性认识，由家长本人评价内容合适与否。正如我刚才提到的，内容不仅应符合孩子的生理年龄，更应考虑到每个孩子的敏感程度与性格。没有比运用常识，配合家长监管更有效的手段。家长监管指的是在科技产品上设置防火墙，防止孩子接触超越年龄的内容。另外，最好在孩子小时候便帮助孩子养成健康的使用习惯。

同样地，在使用时间方面，我们需要注意的是，在孩子眼里，时间是无形且不可控的。家长需要扮演情绪调节者的角色，因为孩子在生理上还无法做到。与之同理，我们不能想当然地认为孩子能够管理时间，他们需要我们的帮助。身为家长的我们可以逐渐培养孩子自主的时间意识，例如在厨房里放闹钟，调整科技产品的家长监管时长，或等他们长大一点儿后共同制作自律时刻表。当然，还要约定好务必遵守的规矩。

无聊胜过科技产品

你觉得以下话语耳熟吗？

> 我好无聊。　　　　我不知道做什么。　　　　真的很无聊。
>
> 我做点儿什么好呢？　　　我真的好无聊啊！

这些话语想必我们多多少少都听孩子说过，特别是那些即将满6岁的孩子。

> 在继续探讨之前，我想了解大家是如何面对上述情形的。请真诚地回答下列问题，选择最符合的选项。
>
> 当你在家里听到孩子反复地说"我好无聊"的时候，你的反应是什么样的？
>
> ☐ 提出各种让孩子不无聊的建议。
>
> ☐ 我变得紧张，因为每次这个问题都处理不好。
>
> ☐ 让孩子去玩平板电脑、手机或其他电子产品，让他们自己找想看或想玩的内容。
>
> ☐ 深呼吸，然后扮作若无其事。
>
> ☐ 我能很好地处理，我也知道接下来会发生什么。

事实上，现如今大多数孩子习惯了忙碌地参加各种计划好的活动，不懂得如何支配自由时间。于是，当自由摆在孩子面前，他们不知所措，如临深渊。倘若无人指挥，他们根本不知如何前进。在满是噪音与刺激的社会中，人们只想快速填补由无聊情绪引发的"空虚"，以求不再痛苦。当孩子在家时，这种情形时有发生，于是孩子开始寻找各种策略，比如坚持不懈地打扰身为家长的我们，或发脾气以引起关注，或烦扰正沉浸于玩耍中的兄弟姐妹。这些策略都不太恰当。而我们往往会给出前面所说的反应。直觉告诉我，让孩子去玩电子产品或许是最普遍的做法。

其实，我经历过上方的所有选项，也恰恰是在那个时候，我开始领悟无聊的真正价值。另外，对孩子了解的加深，也使我能在提供陪伴的过程中，根据孩子的独特之处不断调整方式与状态，虽然结果并非总是顺遂人愿。举例说明，孩子在寻求解决办法的过程中，有时需要更多的支持；有时成人在场能让孩子感到振奋；有时要在环境中提供小小的物质或材料刺激，以激发孩子的想象力和玩要欲望。总之，要根据孩子的特点量身定制。或许，根据孩子对陪伴的不同需求，下次面对他们说的"我好无聊"，我们可以这样回答：

> 我看你现在什么都不想玩，不如我们绕着家里走一圈，看看有什么发现？

当孩子真的百无聊赖时，我们可以这样回答：

> 没事，我理解你。无聊其实是种奇妙的感觉。不妨相信自己，倾听你的内心，你会有很棒的发现。

就让我们陪伴孩子左右，与他们一同感受无聊，单纯地享受无事可做的安静时光，或鼓励他们寻找积极的解决办法。我们会发现，无聊变成了想象的前奏。这股想象发源于孩子的内心，带领他们去往无比丰富的创造宇宙。在那里，将诞生无数互相缠绕着的美妙而真实的重要想法。我们应当明白，无聊是孩童在不匆忙地成长、玩要、学习、自知与自我调节路上的必经历程，是人类的一种状态。因此，孩子应当学会识别无聊，并懂得正向调节。当孩子本人实现状态的转变，他们将发现自己的独立性。

正如我们要留出时间与空间让孩子进行自由且自发的玩要，对待孩子的无聊也是同理。不要立刻消灭无聊，例如使用电子产品。因为无聊对个体的成长、发展与自知是必要的。我们只要知道，无聊是自然且短暂的。要识别它，等待它敲打想象力的大门，再让想象力引导孩子消灭无聊。至于家长，则应当：

- 允许孩子安静地享受无聊。
- 以积极的视角看待问题，明白无聊转瞬即逝。
- 信任孩子能够消灭无聊，找到兴趣点。
- 不要千方百计地给孩子提供选项。向孩子描述活动，看看能否激发孩子进行联想，之后敬请等待孩子的奇思妙想吧！

这个过程中同样蕴藏着学习的机会。事实上，在我们陪伴孩子的时候，我们将目睹孩子如何一步步制定解决无聊的策略，又是如何在玩乐的驱动下消除那股陌生的力量，从而开启那个充满无限玩耍与学习可能的世界。同时，这也是身为家长的我们发现孩子的爱好、热情与才能的契机。

> 我们应当支持孩子，相信他们能够找到解决办法，而非直接伸出援手。

下次当你的孩子告诉你"好无聊"的时候，你会有何反应？请写在下方。每当你感到困惑时，都可以在心中默念以下回答。

有关科技的玩耍建议

实际上，让我推荐与科技有关的游戏并非易事。坦白讲，我更希望孩子去触摸、去嗅闻、去尝试、去观察、去聆听、去感觉。不过，我倒是能够讲讲如何把科技当作玩耍的工具，谈论这个话题也能让我更自在。

● 定位。使用手机的定位功能，确定从学校到家里的路线，或规划一次郊游。以我的孩子为例，他们根据手机定位，发现我们有时候走了完全相反的路线。另外，家庭寻宝游戏也非常流行——根据设定好的路线，将宝物藏起来或找寻别人藏起来的宝物。

● 故事创作。各种各样的软件，例如文本编辑器、演示编辑器，都对故事创作有帮助。也可以借助动画技术进行创作，使用这种技术，能够加入声音与文本、倍速播放、创造视觉错觉。拍摄互动故事、制作电子游戏也是一种选择。还可以观看纪录片、听有声书等。

● 照片。我们可以用手机拍下花朵，这样无须折花也能描摹花的模样；以独特的视角拍摄周围的环境。如果有平板电脑，可以在上面写写画画，作为正在创作的故事的插图。

● 科普。有许多帮助用户识别与了解星座或定位行星的应用程序，还有可以识别植物、动物足迹、鸟鸣的应用程序。

● 音乐。如今，我们可以随时听歌、唱歌、跟着音乐起舞，还可以使用各种有趣的程序编曲、演奏乐器。

孩子们会分享在网上发现的游戏。与这类游戏相比，上文提及的各种虚拟工具似乎没有那么诱人。科技产品是所有孩子每时每刻都想品尝的"糖果"，因此我们应当拿出控糖的架势，在陪伴的过程中制定规矩与明确的边界，教育孩子养成使用习惯，并始终记得让孩子渐进地接触适合他们年龄与敏感度的内容。

同样地，不要轻视网络游戏对儿童的重要性。身为家长的我们要懂得抓住契机，与孩子共同探索，寻找多元化的、有趣的、有营养的内容。请相信我，选择余地很大。即使在网络上，我们也可以与孩子享受亲子时光。我们要始终记住，和其他时刻一样，家长的陪伴对孩子而言举足轻重。

人类何时停止在玩耍中成长

当你们读完全书，对于这个问题，想必心中早已有了答案。于我而言，"成长""玩耍"都是极美妙的字眼。如果它们从不分开，永远并排前行就好了。如果我们能够懂得，成长与玩耍总是互相成就就好了。我们玩耍的时候，其实也在不知不觉地成长。当我们以游戏的态度对待人生，我们会发现世界是个充满无限可能性的舞台，而我们做的每一个决定，都是成长的机缘与自我发现的际遇。

当大家面对这个问题，想必脑海中会浮现孩子的身影：孩子何时停止在玩耍中成长？或孩子经常问的问题：何时才能让我们玩耍？正如我在前文有关运动、玩耍与娱乐需求部分中提到的，我们一生都不会停下玩耍与成长的脚步。在认识自我、与自己及他人建立联系的道路上，我们将永远步履不停，甚至能够根据自己建构的思维，不断改变与塑造自己的大脑。作为个体，虽然我们的身体发育早已停滞不前，或日趋苍老，但我们仍未停止成长。此时此刻，我的心头浮现爱尔兰剧作家萧伯纳的箴言："我们不是因为变老才停止玩耍，而是因为不再玩耍才变老。"因此，倘若有人问我："人类何时在玩耍中停止成长？"我的回答是，直至最后一口气。到那时，我们将投身宇宙的怀抱，去另一空间继续玩耍。

但在进入生命的自然循环之前，眼下的我们身为孩子的父母，是他们成长道路上的陪伴者，也是玩耍这项重要活动的守护者。玩耍是一种生命驱动，能够让身体、头脑和心灵变得充满快乐、热情与生命力。

本书的名字是《不匆忙的成长》，其实也可以换成《在玩耍中成长》。因为当我们让孩子在玩耍中成长，便是在为他们提供与自我建立联系的机会，让他们跟随着自己的节奏成长；便是在聚焦他们的才能与独特之处，不断满足他们的需求，陪伴他们迎接挑战。

不知大家是否还记得，当孩子自由玩耍时，他们会说：

我是，我感觉，我能够！

根据孩子玩耍时传递的这一信息，我们应该学会在孩子的成长过程中，提供尊重、支持与无条件的爱，让他们萌芽并逐渐展现所有的生命力量。于是，他们长成参天大树，成为生命之林的一部分。当我们迷茫时，我们看向他们、倾听他们并相信他们，同样也相信我们自己。孩子的成长离不开父母的支持。在生命中的每一天，我们都携手改变自己。

就让孩子不匆忙地成长吧！让他们发现自己是如何在玩耍中成长的。至于我们自己，也在玩耍中不断进步吧！

让我们享受玩耍，享受教育！

旅途最后

在"不匆忙的成长"这段沉浸式旅途中，你的感觉如何？

此时此刻，我想坐在你身旁，给你一个用力的拥抱，因为我很清楚这段旅途意味着什么。愿你为此番经历与收获感到自豪。当下的结果并不重要，走过的路程与尚待涉足的路途才最重要。事实上，这一切只是个伟大的开端，但我知道你已经准备好去实践你想给予孩子的陪伴与教育，满足你知晓的孩子的需求与自己的需求。

在旅途最后，我为大家呈上本书的思维地图，以便不时回望来时路，回顾重要之事，也可不断增添新想法。

对了，还有一页专属于你。从今往后，你想打造什么样的教育之路？你可以把要点写下来。

最后，我想邀请你做一件回报丰厚的事情：打造你的"藏宝图"。去复习每个主题，回顾那些你曾留意的观点或留下的批注吧。这并非心血来潮，而是学习的过程。旧知识需要温习，否则便会被遗忘。当你重复去做某件事时，记忆才会留在你的脑海中。

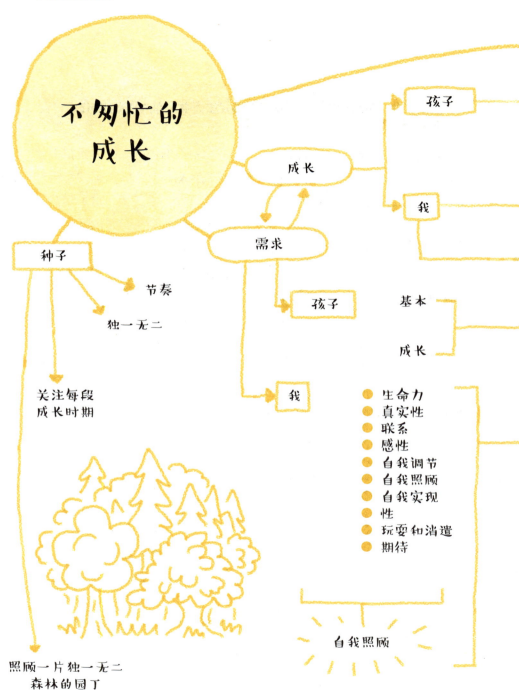

不匆忙的
成长

成长

孩子

我

种子

节奏

独一无二

关注每段
成长时期

需求

孩子

我

基本

成长

- 生命力
- 真实性
- 联系
- 感性
- 自我调节
- 自我照顾
- 自我实现
- 性
- 玩耍和消遣
- 期待

自我照顾

照顾一片独一无二
森林的园丁

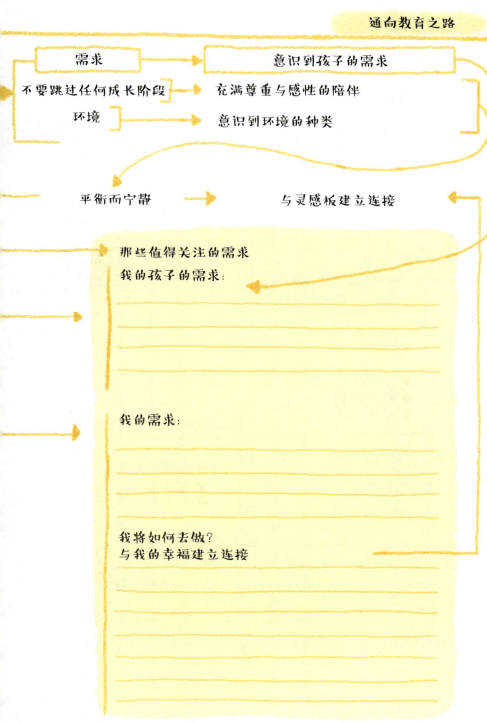

通向教育之路

需求 → 意识到孩子的需求

不要跳过任何成长阶段 → 充满尊重与感性的陪伴

环境 → 意识到环境的种类

平衡而宁静 → 与灵感板建立连接

那些值得关注的需求

我的孩子的需求：

我的需求：

我将如何去做？
与我的幸福建立连接

每天的灵感

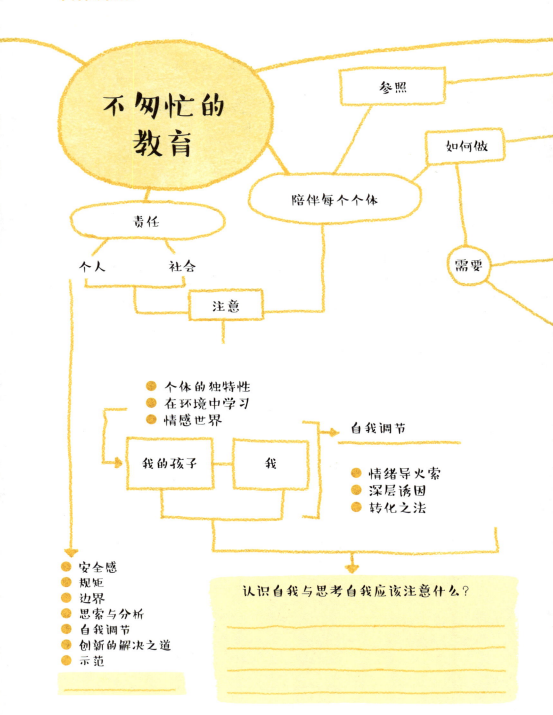

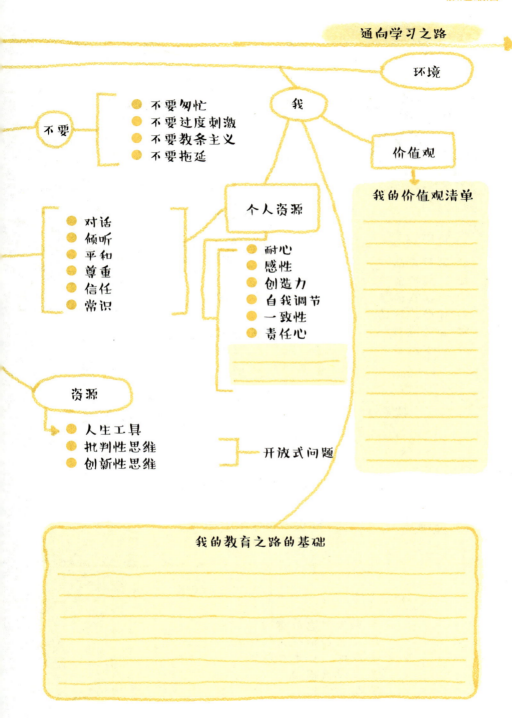

通向学习之路

环境

我

不要
- 不要匆忙
- 不要过度刺激
- 不要教条主义
- 不要拖延

价值观

我的价值观清单

个人资源

- 对话
- 倾听
- 平和
- 尊重
- 信任
- 常识

- 耐心
- 感性
- 创造力
- 自我调节
- 一致性
- 责任心

资源

- 人生工具
- 批判性思维
- 创新性思维

开放式问题

我的教育之路的基础

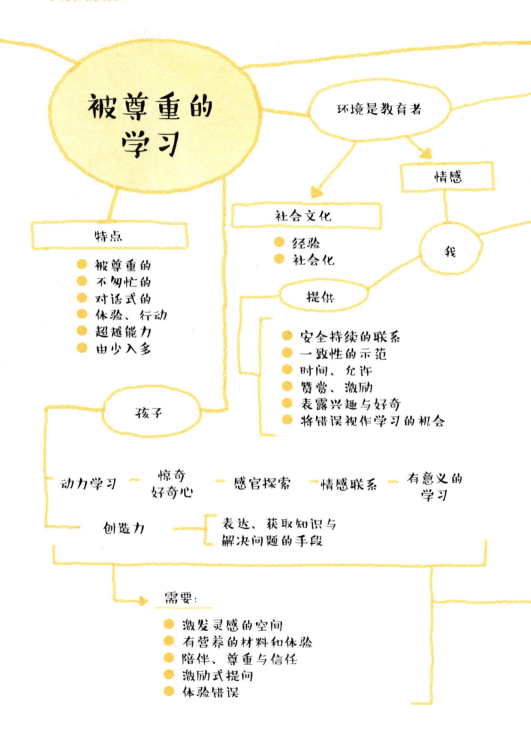

被尊重的学习

环境是教育者

情感

社会文化

- 经验
- 社会化

我

特点

- 被尊重的
- 不匆忙的
- 对话式的
- 体验、行动
- 超越能力
- 由少入多

提供

- 安全持续的联系
- 一致性的示范
- 时间、允许
- 赞赏、激励
- 表露兴趣与好奇
- 将错误视作学习的机会

孩子

动力学习 —— 惊奇 好奇心 —— 感官探索 —— 情感联系 —— 有意义的学习

创造力 —— 表达、获取知识与解决问题的手段

需要:

- 激发灵感的空间
- 有营养的材料和体验
- 陪伴、尊重与信任
- 激励式提问
- 体验错误

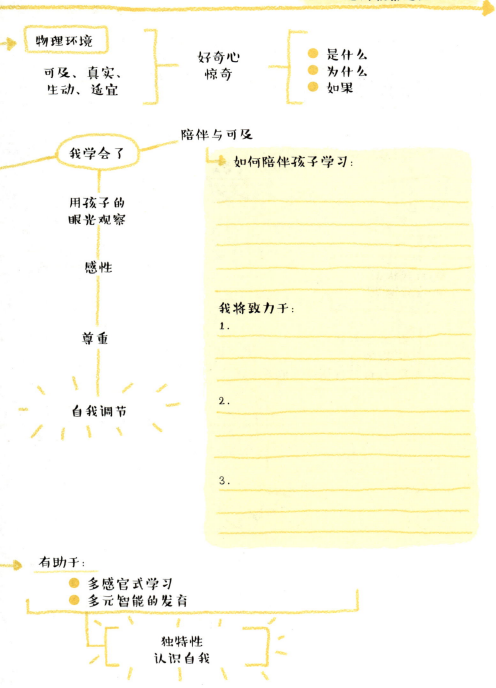

通向联系之路

物理环境

可及、真实、
生动、适宜

好奇心
惊奇

- 是什么
- 为什么
- 如果

陪伴与可及

我学会了

用孩子的
眼光观察

感性

尊重

自我调节

如何陪伴孩子学习:

我将致力于:
1.

2.

3.

有助于:

- 多感官式学习
- 多元智能的发育

独特性
认识自我

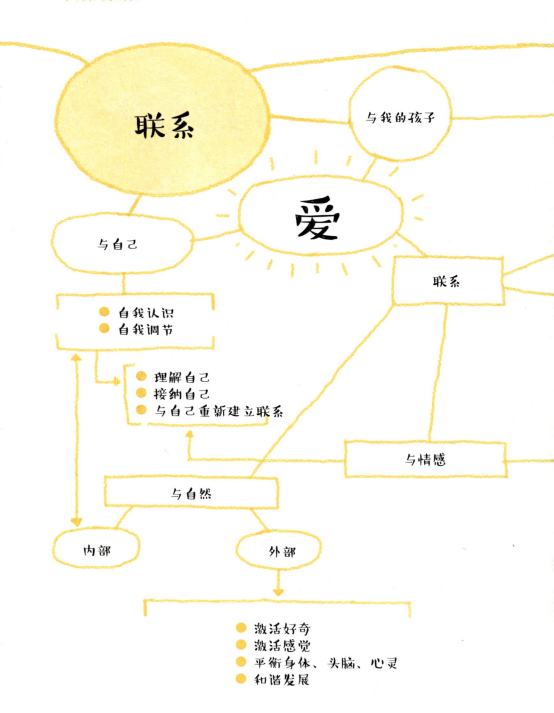

通向玩耍之路

- 调频
- 激活感性
- 理解孩子
- 建立联系并满足需求

关系角度

联系之塔
那些重要的养分：

玩耍角度

自己玩耍　　在家庭中

爱的表达

情感陪伴

- 建立联系
- 给予肯定
- 疏导、转向

日常的表达：

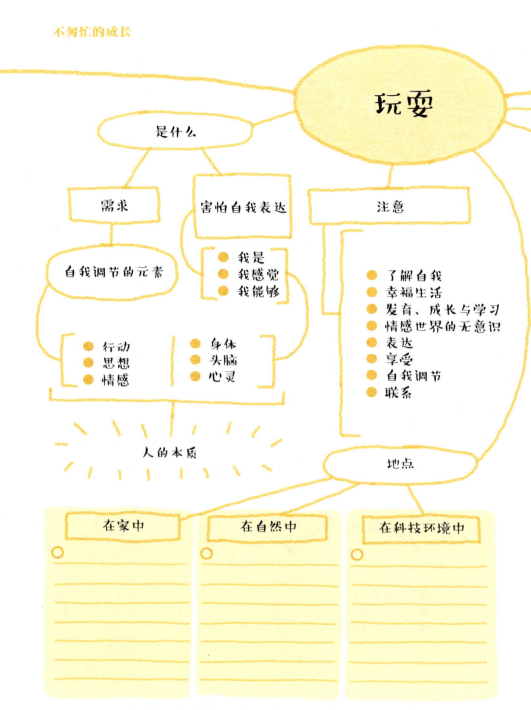

通向我的当下之路

如何

- 不匆忙
- 充足时间
- 合适空间

何时

一生

注意

0~2岁 运动
△

2~7岁 象征
△

注意
- 过度保护
- 过分夸奖
- 不必要的帮助
- 控制
- 态度
- 危险
- 无聊

7~12岁 规则
△

注意

关于你孩子的发育阶段，请写下你的关注点与思考。
△

你当下的玩耍
○

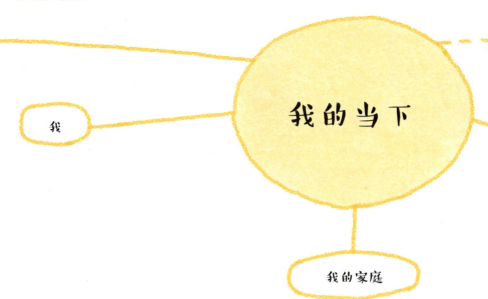

我的当下

我

我的家庭

通向人生之路

现在该你绘制自己的地图了。请在这里规划你的旅途，并写下所有从此刻起你将关注的重点。

我想走的教育之路

享受旅程，我等你跋山涉水而来。

　　此刻，你走过的旅途跃然纸上。但这并不是终点。接下来，轮到你与孩子一起走那条你为他们打造的教育之路。你心里明白，每个阶段都会有层出不穷的新挑战，也有无数的成长与进步。

　　你应该知晓，为了达成你的所欲、所感与所需，你与家人都需要做些什么。你的直觉与信心已然恢复。我相信你可以。必须可以！你将与孩子一同感受惊喜。你将既满足自己的需求，感受自己的完整与真实，又给孩子尊重和陪伴，让他们在人生道路上同样因真实、完整的自己而感受到快意，始终保持坚强。

　　亲爱的水手，请破浪前行吧！亲爱的园丁，去培育你的森林吧！去享受育人的伟大旅程，去陪伴你人生中最好的礼物——你的孩子吧！你可以做到，加油！

致谢

　　此书献给我的那片"森林"——我的两个孩子。他们教育我、启发我、质疑我并改变我。还有我的伴侣，他与我一起做梦，支持我，并在我迷茫时给予我信心。

　　我也感激我的母亲、父亲和兄弟，他们多年来的培养与陪伴造就了今日之我。